Besuchen Sie uns im Internet:

www.kirchenshop-online.de

Jörg Müller

DER MISSVERSTANDENE JESUS

Weshalb das Christentum
in erster Linie therapeutisch
und nicht moralisch ist

J. F. Steinkopf Verlag

2. Auflage 2011

ISBN 978-3-7984-0783-1

Einbandgestaltung: Florian Huber, Thalhausen

Printed in Germany

INHALT

Dr. Jörg Müller, geb. 1943, studierte Theologie, Philosophie, Psychologie und Psychopathologie. 1975 Promotion. Prof. für Religion und Psychologie in Salzburg. Ab 1976 klinischer Psychologe mit eigener Praxis. Seit 1989 Pallottiner. 1994 Priesterweihe. 1995 Gründung der „Heilenden Gemeinschaft", einer therapeutischen Einrichtung (www.pallottiner-freising.de). Erfolgreicher Autor. Top-Titel (vgl. www.kirchenshop-online. de):

- Antenne ohne Erdung – Weshalb religiöse Menschen oft übertreiben
- Don Camillo spricht mit Jesus – Dialogische Katechesen
- Haben wir noch Bier im Keller? – 30 Aufsätze, die Ihr Leben erträglicher machen
- Hätten Sie's gewusst? – 100 Antworten auf Glaubensfragen für eilige Zeitgenossen
- Ich habe dich gerufen – Meine Erfahrungen mit Gott
- Die infantile Gesellschaft – Wie unsere Erziehung ein gesundes Selbstwertgefühl verhindert
- Lebensängste und Begegnung mit Gott
- Der Missbrauch und die Kirche – Eine Klarstellung
- Nein sagen können – Verständnis und Missverständnis christlicher Demut
- Oh Gott! Autobiographische Einsichten – Lesen auf eigene Gefahr
- Sinnvoller leben mit der Paulus Strategie – Gedanken für jede Woche des Jahres
- Und heilt alle deine Gebrechen – Psychotherapie in christlicher Sicht
- Verrückt – Ein Christ hat Humor / 16 Kapitel gegen Mutlosigkeit
- Von Glücksvögeln und Pechpilzen – Weshalb sind so viele Menschen unglücklich?
- Was kränkt, macht krank – Welche Bedeutung haben psychosomatische Erkrankungen?

Die unerlöste Situation

Die Bindung vieler Christen an ihre Kirchen ist eher locker. Wenngleich auch die meisten nicht mehr regelmäßig den Gottesdienst besuchen und die Sakramente empfangen, so bedeutet dies nicht, dass sie die sozialen und religiösen Werte außer Acht lassen. Die Sehnsucht nach einer spirituell geprägten Lebensausrichtung wächst. Und das Gewissen regt sich immer noch, sobald man Unrechtes tut, betrügt, Menschen ausbeutet oder kränkt. Im Hinblick auf den sonntäglichen Kirchenbesuch, auf die Neubindung Geschiedener, auf sexuelle Aktivitäten und auf die Beichte sieht es anders aus. Die Gründe sind unterschiedlich. In Gesprächen mit Betroffenen offenbaren sich Entfremdungen, Missverständnisse, auch tief liegende Verletzungen, die Mitchristen und Pfarrer ihnen zugefügt haben; es werden durchaus plausible Argumente vorgebracht, die eine moralische Bewertung nicht leicht machen. Es fällt auf, dass gerade jene, die man leichtfertig als „laue Christen" bezeichnet und die im Umgang mit herkömmlichen moralischen Maßstäben aus dem Rahmen fallen, einen ganz anderen „Anstand" leben: Sie erweisen sich oftmals als erstaunlich mitmenschlich, sozial engagiert, feinfühlig und spirituell. Es sind Glaubende, Liebende und Betende, nicht aber Kirchliche.

Viele wurden von ihren Eltern, von Bekannten oder gar von Amtsdienern der Kirche zum rechten Glauben hingeprügelt. Mit Amtsdienern meine ich jene, die zwar dem Amt dienen, nicht aber den Menschen. Natürlich war dieses Moralisieren durchaus gut gemeint; es geschah aus angstvoller Sorge um das Seelenheil der anderen. Wer nicht spurte und die Gebote nicht hielt, war in Gedanken schon der Hölle verfallen. So war am Ende das Gesetzesdenken wichtiger als das Leben selber. Um aber wirklich niederträchtig zu sein, muss man nicht einmal ein Gebot missachten; man braucht es nur buchstabengetreu anzuwenden – auf Kosten der Barmherzigkeit.

Das erkannte auch Jesus, der sich energisch gegen das pharisäische Denken wehrte. Die Pharisäer waren nicht so schlecht, wie man sie heute gern sieht. Sie waren Hüter des Gesetzes, verantwortlich für die Befolgung von Recht und Ordnung. Dabei haben sie allzu oft das Gesetz über den Menschen gestülpt und das Leben unstatthaft eingeengt. Blinder Dogmatismus und angstbesetzter Moralismus machten Jesus zornig.

„Ihr bürdet den Menschen Lasten auf, die ihr selber nicht tragen könnt!", war einer seiner markanten Vorwürfe. So etwas heute zu sagen weckt Empörung seitens der „Frommen". Damals wie heute. Wenn ich diesen Satz zitiere im Zusammenhang mit unseren überbordenden Vorschriften, ernte ich regelmäßig ein „Ja, aber …" Es scheint eine diffuse Angst vor dem Werteverlust zu herrschen, dem man nur beizukommen glaubt, wenn man alles und jedes gesetzlich reglementiert und durch Sanktionen absichert. Die Pädagogik Jesu war anders, wie wir sehen werden.

Christen unterscheiden sich von Nichtchristen nicht durch ein kleineres Maß an Sünde, sondern durch ihr Wissen um die Barmherzigkeit Gottes, aus der sie leben. Aber viele leben nicht, sie existieren nur. Albert Görres, der scharfsinnige Arzt und Analytiker, bringt es in seinem Buch „Kennt die Psychologie den Menschen" auf den Punkt, wenn er schreibt: „… (Der Christ) verbraucht bei dem anstrengenden Bemühen, die Gipfel des vierten und sechsten Gebotes zu erklimmen, so viel Energie, dass er sich im Bereich des fünften, siebten und achten Gebotes wieder erholen muss." (München 2/1986, S. 193)

Ich leide unsäglich unter dem moralistischen Leistungsdenken gewisser Christen, in deren Anwesenheit man sehr aufpassen muss, was man sagt. Schnell haben sie daraus einen Strick gedreht. Wiederholt bin ich von „katholischen" Veranstaltern ausgeladen worden, weil ich für eine zweite Partnerschaft bin, so wie sie in der orthodoxen Kirche nach einer gescheiterten ersten Beziehung ermöglicht wird. „Bis dass der Tod der Liebe euch scheidet", sagt man dort. Man stellt die Barmherzigkeit über die Gesetzlichkeit und interpretiert die Worte Jesu zugunsten des Lebens.

Gelegentlich stellt man mir Fangfragen: „Wie stehen Sie zum Gebrauch der Wünschelrute, zur Homöopathie, zur Wiederverheiratung Geschiedener, zur Homosexualität usw.?“ Wenn ich dann nicht die Meinung des Fragestellers teile und eine Differenzierung vornehmen möchte, wirft man Steine auf mich. Was hierbei demoralisierend wirkt, sind nicht unbedingt anders lautende Meinungen, sondern das Fehlen einer sachlichen Gesprächskultur. Wir müssen viele Aussagen der Bibel zeitgemäß und menschenfreundlich übersetzen. Wieso hat der katholische Christ mehr Möglichkeiten zur Sünde als sein evangelischer Nachbar? Warum darf ein orthodoxer Christ, was sein katholischer Freund nicht darf?

Die Kirche hat längst die Kompetenz in Lebensfragen verloren. Die Menschen gehen zum Psychotherapeuten, zu esoterischen Heilern und fernöstlichen Gurus, wenn sie Probleme haben. Mit penetranter Regelmäßigkeit bekomme ich am Telefon zu hören: „Zu unserem Pfarrer geh ich nicht. Da hab ich kein Vertrauen. Der versteht das nicht.“ Das gilt gewiss nicht für jeden Pfarrer.

In der existenziellen und verbalen Verkündigung der Botschaft Jesu kam das Heilende, Vergebende und Gemeinschaft Stiftende zu kurz. Dabei könnten die Christen wirklich froher und erlöster leben.

Wenn ich mir die Aussagen Jesu, die Erkenntnisse der Mystiker und der zeitgenössischen Fachtheologen anschaue, glaube ich sagen zu können, dass wir Christen in erster Linie therapeutisch sein sollen, dann auch mystisch, dann asketisch – und dann sind wir moralisch. In dieser Reihenfolge werden wir dem Anliegen Gottes gerecht, nicht umgekehrt. Anders ausgedrückt: Die Moral ergibt sich von selbst, wenn wir einander gut sind (therapeutisch), eine Sensibilität für das Wirken Gottes in unserem Leben entwickeln (mystisch) und das richtige Maß leben (asketisch).

Die drei Kulturen des Christentums

Jesus vermittelte in Wort und Tat eine für seine Zeit revolutionäre Sozialpsychologie, die religiös motiviert war. Indem er die verfemten Randschichten der feinen Gesellschaft aufsuchte und mit ihnen unbefangen verkehrte, stieß er die gesetzeshütende Oberschicht vor den Kopf.

Es war unerhört und geradezu provokativ, Aussätzige zu berühren, mit öffentlich bekannten Sündern zu essen, Gesetzesbrecher ungestraft ihres Weges gehen zu lassen, mit Frauen und Samaritern in engen Kontakt zu treten. Man muss wissen, dass die Juden den Kontakt mit den Samaritern verweigerten wegen ihrer Vermischung mit Nichtisraeliten.

Jesus erklärte sich bedingungslos solidarisch mit jeder gescheiterten Existenz. Von jetzt an verbirgt er sich selber hinter den Geringsten, den Bettlern und Junkies, den Zukurzgekommenen und Gemobbten, den Missverstandenen und Ungeliebten, den Verfemten und Exkommunizierten.

Mehr noch: Er stellt die Barmherzigkeit über das Gesetz und macht sie zum Kriterium der Gottähnlichkeit. Nur der Barmherzige kann vor Gott bestehen. Von daher verstehen sich auch die Gleichnisse, die er erzählt: teilweise provokante Überzeichnungen und orientalisch pointierte Geschichten, die nichts anderes sagen wollen als: Seid barmherzig wie euer Vater im Himmel.

Diese erste Kultur nenne ich die Beziehungskultur. Jesus bringt Menschen, Rassen und Stämme unterschiedlichster Prägung wieder an einen Tisch. Er lehrt die Kommunikation. Alle sind Kinder Gottes, alle haben Zugang zum ewigen Heil.

Sein Auftreten erregte die Gemüter der Pharisäer. Da war der Streit vorprogrammiert. Die Pharisäer achteten peinlich auf die Erfüllung der Gesetze. Sie waren die Rechtgläubigen des Volkes, an deren Lehre nichts auszusetzen war. Das Ärgerliche war ihr Leistungsdenken, das aus eigener Kraft und nicht aus der Gnade Gottes schöpfte. So pervertierte ihre Frömmigkeit zu einer äußerlich werdenden Gesetzeserfüllung mit immer mehr ausufernden Bestimmungen. Die Folge waren Herrschsucht, Eifersucht und Heuchelei. Das machte Jesus wütend. In immer neuen Streitgesprächen machte er diesen Moralaposteln klar, dass die Gesetze für den Menschen da sind und nicht umgekehrt. Dabei fielen auch sehr deutliche Worte; von „Natterngezücht", „Söhnen des Teufels" und „Heuchlern" spricht er.

Jesus nahm kein Blatt vor den Mund, wenn es darum ging, die Wahrheit zu lehren und ein großzügiges Verhalten den Sündern gegenüber einzufordern. Er war streitbar, konfliktfähig und achtete nicht darauf, was andere von ihm denken könnten. Manchmal klingen seine Worte sehr hart, wenn er zum Beispiel Petrus anfährt: „Hinter mich, Satan!", weil dieser das angekündigte Leiden Jesu nicht akzeptieren wollte. Meine Mitarbeiterin, Schwester Marie-Helene, legt diese Aussage Jesu bei Markus 8,33 als projektive Abwehrhaltung aus. Jesus, der sich selbst vor diesem schrecklichen Ende seines Lebens fürchtete, sah in der gut meinenden Haltung des Petrus eine Gefahr für seine Mission. Indem er das Ansinnen des Petrus von sich wies, wollte er seine eigene Angst vor dieser Todesart verdrängen.

Der handgreifliche Rausschmiss der Tempelhändler macht vielen braven Christen ein bisschen Kopfzerbrechen. Wie konnte er nur so unbeherrscht sein? Hier wird deutlich, wie sehr Jesus eben auch ganz Mensch war und zugleich Prophet; nichts machte ihn wütender als die Verunglimpfung seines Vaters bzw. dessen Hauses. Wäre er persönlich angegriffen worden, hätte er nicht so emotional reagiert.

Jesus war nicht harmoniesüchtig; er war friedfertig. Friedfertige sind in der Lage, sich einem Konflikt zu stellen und entsprechend zu reagieren. Das können Harmoniesüchtige nicht. Wir werden sehen, welche Regeln der Streitkultur für Christen zu gelten haben.

Eine seiner elementaren Forderungen war die Vergebung. Daran knabbern viele Menschen. Sie ist das Aushängeschild der christlichen Botschaft. Weil keiner ohne Sünde ist, darf auch keiner über andere richten und sich für besser erachten. Wer immer auf Jesus trifft, wird nicht verurteilt. Auch heute endet jede Beichte immer noch im Freispruch aufgrund der Reue. So warnt Jesus die Moralisten unter den Gesetzestreuen: Wer richtet, wird gerichtet. Wer nicht vergibt, dem wird auch nicht vergeben …

Während die Vergebung ein Willensakt ist, bleibt die Versöhnung weitgehend ein Gefühlsakt; d.h. in der Vergebung werfe ich meinem Feind nichts mehr vor, in der Versöhnung folgt die Heilung der verletzten Gefühle. Jesus beschränkt sich auf die Forderung der Vergebung. Offenbar wusste er um die Grenzen menschlicher Versöhnungsbereitschaft. Er selber praktizierte die vollkommene Versöhnung: „Vater, vergib ihnen, sie wissen nicht, was sie tun"; und zu Judas: „Freund, mit einem Kuss verrätst du den Menschensohn."

Petrus wird trotz seiner dreimaligen Lüge – und wegen seiner Reue – zu seinem Nachfolger bestimmt; Zachäus wird vor den Augen der Öffentlichkeit zum Gastgeber Jesu, weil Jesus es so wollte. Man kann davon ausgehen, dass Jesus diese Einladung bewusst vor den Pharisäern aussprach, um seine Solidarität mit den „armen Schweinen" zu bekunden. Denn Zöllner waren schon aufgrund ihres Berufes verfemt. Zachäus war so gerührt, dass er versprach, die vierfache Menge der zu Unrecht eingesäckelten Zollgebühren zurückzugeben. Wir sehen: Barmherzigkeit macht Blinde sehend.

Jesus will uns eine Frohe Botschaft vermitteln. Wenn wir Christen sie leben würden, wäre das die beste Werbung.

Mit meinen Überlegungen will ich keineswegs die Botschaft der Bibel verkürzen; ich will den seit zweitausend Jahren immer wieder übermalten Jesus freilegen und das ursprüngliche Bild erkennbar machen. Was hat Jesus wirklich gewollt? Wie sind seine oft überspitzten und provokativen Reden zu verstehen? Worin liegt das Frohe seiner Botschaft?

»Kommt her, ihr Bedrückten und Beladenen ...«

(Matthäus 11,28)

1. Beziehungskultur

Kontakte knüpfen

Es ist sehr aufschlussreich, dass der Evangelist Johannes in der Hochzeit zu Kana das erste öffentliche Auftreten Jesu sieht. Ausgerechnet eine siebentägige Feier, in der der Alkohol reichlich floss. Nicht genug damit: Dieser Jesus verwandelt auch noch zu allem Überfluss sechs Krüge voll Wasser in Wein, immerhin 600 Liter bester Qualität. Man kann sich nur annähernd vorstellen, wie betrunken da manche Gäste gewesen sein mussten. Warum hat Jesus das getan? Hätte er nach dem Ermessen unseres christlichen Denkens ein solches Gelage nicht verhindern müssen, mindestens aber nicht noch unterstützen dürfen?

Wer orientalische Feiern schon einmal erlebt hat, weiß um die Üppigkeit und Pracht solcher Gelage. Da entstehen Verbindungen, lernt man sich kennen, werden Kontakte geknüpft. Und heute noch sind solche Anlässe die besten Gelegenheiten, einen Partner fürs Leben zu finden. Da kokettieren die jungen, verschleierten Mädchen mit den Burschen, indem sie ein klein wenig ihre Augen frei machen, kichern und ihre Sympathie bekunden.

Das Handeln Jesu, durchaus weltoffen und beziehungsfördernd, sollte hinweisen auf die Großzügigkeit Gottes und auf die grenzenlose Fülle des Messias. Gott schenkt ohne Einschränkung. An uns liegt es, damit maßvoll umzugehen.

Wie steht es mit unseren Beziehungsfähigkeiten? Gehen wir auch so unbefangen mit der Fülle des Lebens um? Als ich zu meinem Geburtstag einige Freunde einlud, sagte einer ab, weil er an diesem Tag sein wöchentliches Medjugorje-Fasten halten wollte. Das hat uns alle irritiert. Konnte er denn nicht den Fasttag verschieben oder ihn zugunsten meines Geburtstages ausfallen lassen? Ist es nicht üblich, an besonderen Festtagen kräftig zu feiern? „Fasten ist Fasten, Rebhuhn ist Rebhuhn“, stellte Teresa von Avila fest, als eine ähnliche Entscheidung anstand.

Nicht genug mit dieser üppigen Hochzeit zu Kana. Jesus fordert uns auf, mit dem Mammon Freunde zu machen, und stellt uns den ungerechten Verwalter als Vorbild hin. Das muss man sich mal vorstellen: Jesus lobt diesen Betrüger, der sich auf Kosten seines Herrn Freunde macht für die Zeit nach seiner Entlassung. Wohlgemerkt: Jesus lobt nicht den Betrug, er lobt dessen Vorsorge, dessen geschickte Strategie. „Seid ebenso klug“, meint er zu seinen Hörern, „aber arglos.“ Setzt euer Geld geschickt ein, schafft euch Beziehungen! Vitamin B ist angesagt.

Solche Reden sind für jene, die primär moralisch denken, ein Ärgernis. Nichts von dem, was sie gewohnt sind, wird von Jesus bestätigt. Er stellt vieles auf den Kopf, fast peinlich und maßlos.

Es gibt immer wieder Christen, die solche Geschichten falsch oder gar nicht verstehen. Man kann darauf wetten, dass sie in der Regel keinen großen Freundeskreis haben. Sie sind auch selten beziehungsfähig. Bestenfalls bewegen sie sich im Dunstkreis von Menschen derselben Haltung. Niemals würden sie Ansdersdenkende und Querdenker einladen. So was macht ihnen Angst. Jesus, der keine Berührungsängste kannte, ruft uns auf, offen und gastlich zu sein für jeden. Und weil sein Tun und Reden den Gesetzeshütern Angst machte, planten sie seinen Tod. Heute wird man wohl kaum einen „provokativen“ Christen töten, aber ein bisschen madig und dann mundtot machen ist schon noch drin.

Christen sollten also kontaktfreudig sein, verbindlich im wahren Wortsinn. Ihr Glaube an den heilenden und lebensfrohen Gott müsste ansteckend wirken.

In vielen Gemeinden gibt es Gebetsgruppen unterschiedlicher Couleur. Sie sind froh, wenn neue Beter hinzukommen und so auch das Beziehungsnetz weiter geknüpft werden kann.

Damit man aber nicht nur eine Gebetsgemeinschaft bleibt, gibt es hinterher noch einen kleinen Imbiss. Man setzt sich zusammen, lernt sich kennen und hoffentlich auch schätzen. Mitunter entstehen aus solchen Begegnungen Partner fürs Leben. Leider höre ich auch von Gebetsgruppen, in denen einige wenige Mitglieder geradezu zwanghaft missionarisch wirken. Sie erschlagen mit ihrem Glauben die Schwachen, verlangen Unterwerfung unter ihre theologischen Meinungen und bewirken das Gegenteil von dem, was sie sollen. Sie wollen Gott aufzwingen und verhindern so, ihn zu erfahren. Wen wundert`s, dass sich dann die Schwachen und Suchenden abwenden.

Jesus war ein Meister der Beziehungskultur. Er brachte die Menschen an einen Tisch, ohne Berührungsängste und frei von Vorurteilen. Jedoch gab es Ausnahmen: Das Hinauswerfen der Tempelhändler zeigt uns, dass es Grenzen gibt mit der Toleranz. Wo Menschen die Gemeinschaft (zer-)stören, wo sie den Ruf Gottes entwürdigen, ist Schluss mit lustig. Und er, der sonst von Vergebung und Friedensstiftung spricht, wird handgreiflich. Gewalt ist also nicht prinzipiell unstatthaft. So wie die Toleranz gegenüber Intoleranten nicht funktioniert, so gelingt auch keine Gemeinschaft mit jenen, die keine wollen. Kontakte knüpfen und Gemeinschaft stiften, das ist die eine Seite. Nein sagen können, sich abgrenzen, das ist die andere Seite.

Gemeinsame Mahlzeiten sind für Jesus wichtige Zeichen der Verbundenheit. Und immer wieder lädt er fragwürdige Personen ein. In der Brotvermehrung weist er schon vorwegnehmend auf sich als das „lebendige Brot des Himmels“ hin, an dem alle teilhaben dürfen, die glauben. Und es bleiben noch etliche Körbe übrig. Wieder dieser Hinweis auf die Maßlosigkeit der göttlichen Liebe.

Gott schenkt, ohne auf die Sünden zu schauen. Wir hingegen stellen Bedingungen. Gott entzieht seine Gnade nicht dem, der sündigt. Wir schon.

Unsere Kultur ist geprägt von Berührungsängsten und Vermeidungsstrategien. Bei der Planung von Straßenverläufen zum Beispiel lenken die Verkehrsplaner den Verkehrsfluss so, dass eine Wohngemeinde von einem Geschäftsviertel abgeschnitten ist oder dass arme und reiche oder ethnisch verschiedene Viertel für sich bleiben. Schulen und Wohnhäuser werden möglichst weit weg von Außenseitern gebaut; mancher versteckt sich hinter hohen Mauern oder Gartenzäunen; ein „bissiger Hund“ soll Besucher abschrecken. Gleichzeitig gehen einige dieser Bewohner zum sonntäglichen Gottesdienst, um mit der Gemeinde zu beten. Möglicherweise geben sie sich beim Friedensgruß auch die Hand, um dann aber nach der Feier wieder in der Isolation zu verschwinden.

Unsere Kommunikationstechnik ist perfekt. Doch diese Perfektion steht in keinem Verhältnis zu unserer Kommunikationsfähigkeit. Mails, SMS, Botschaften auf Anrufbeantwortern, Faxe und was auch immer sind oftmals erschreckend unpersönlich, häufig sogar anonym und vor allem auf Distanz. Unmittelbare Nähe wird vermieden. Mich erreichen immer wieder namenlose SMS-Botschaften. Wenn ich dann die angezeigte Nummer wähle, hebt keiner ab. Der „Botschafter“ zieht die unpersönliche Kontaktaufnahme vor. Auf dem Anrufbeantworter wird zwar die Telefonnummer genannt, die ich „doch bitte zurückrufen“ möchte, aber es fehlt der Name des Anrufers. Geben wir es zu: Wir haben Probleme mit der Kommunikation und Kontaktaufnahme. Zwar nimmt die digitale Verbindung unter den Jugendlichen enorm zu, zugleich aber schrumpft die Fähigkeit zum persönlichen und direkten Gespräch.

Sechzig Prozent der Münchener Wohnungen werden von Alleinstehenden bewohnt. Darunter auch ältere Menschen, die lieber einsam in ihrer Behausung leben und sterben wollen als in einem Altenheim. Zu negativ sind die Berichte über die Zustände in den Heimen. Wo bitteschön gibt es noch eine intakte Gemeinschaft, in der junge und alte, gesunde und kranke Menschen zusammen leben? (Das einzige mir bekannte Projekt ist das „WohnreWir“ mit 50 Bewohnern in Dortmund.) Zugleich boomt das Geschäft mit den Kontaktanzeigen und Partnervermittlungen. „Es ist nicht gut, dass der Mensch allein sei“, sagt die Bibel. Und Gott schuf aus Adam die Eva.

Jesus schützte die Ehe und gab der Frau eine stärkere Position, indem er jeder beliebigen und willkürlichen Trennung einen Riegel vorschob, „außer wegen Unzucht“ (Mt 5,32+19,9). Im Klartext: Man muss sich nicht alles gefallen lassen. Es gibt durchaus berechtigte Gründe für eine Trennung. Bezüglich der Auslegung dieser Texte sind wir nicht konsequent; denn im selben Abschnitt verbietet Jesus jeglichen Eid; er empfiehlt, das Auge auszureißen, wenn es zur Sünde reizt, und die Hand abzuhacken, wenn sie desgleichen tut. Warum das eine buchstäblich nehmen und das andere nicht? Wieso laufen wir nicht alle mit nur einem Auge und einer Hand rum und hören auf, Eide zu schwören? Weshalb haben wir uns so eingeschworen auf das Verbot einer zweiten Beziehung, auch wenn die erste gültig bleiben darf? Kann es tatsächlich der Wille Gottes sein, dass ein Mensch allein bleiben muss, solange der ehemalige Partner noch lebt? Hat er das so gesagt? Warum aber – in Gottes Namen und aufgrund seiner Aussage bei Matthäus 5,29 – reißen wir unser sündiges Auge nicht aus? Wieso legt die orthodoxe Kirche diesen Text barmherziger aus? Fragen über Fragen. Es gibt Christen, die allein schon die Infragestellung bestehender Verhältnisse und verbindlicher Schriftauslegungen für ein halbes Sakrileg halten und den Kontakt mit diesen Personen abbrechen, nicht ohne ihnen zuvor einen belehrenden Brief geschrieben zu haben. Ich kann verstehen, dass manche Christen lieber den Mund halten aus Angst vor der ganz privaten Exkommunikation durch den frommen Nachbarn …

Viele Pfarrer teilen meine Auffassung, wagen aber nicht, sie offen auszusprechen, aus Angst vor Repressalien. So laden sie mich ein zu Vorträgen und Seminaren, in der Hoffnung, dass ich ungeschminkt sage, was sie denken. Ich bin als Ordensmann etwas freier und verlasse ja diesen Ort auch wieder …

Den Glauben vor die Moral setzen

Da kommen reihenweise Sünder und Kranke zu Jesus und bitten ihn um Heilung. Das Einzige, was er fordert, ist die Bereitschaft zum Glauben. „Glaubst du?“, fragt er sie, nicht: „Lebst du auch moralisch?“ Wir hingegen verschenken nichts ohne gewisse, mitunter versteckte Bedingungen, schon gar nicht an Menschen, die aus der Reihe tanzen: „Wenn du jetzt nicht spurst, wirst du was erleben.“ – „Wenn du nicht brav bist, hat die Mama dich nicht lieb.“ – „Wenn du aus der Kirche austrittst, enterbe ich dich.“ Usw.

Gelegentlich schiebt Jesus die Bemerkung nach: „Sündige nicht mehr, sonst widerfährt dir Schlimmeres!“ Und zur Ehebrecherin: „Hat dich keiner verurteilt? Dann tu ich es auch nicht.“ Wir müssen anerkennen, dass Jesus kein Moralapostel war, nicht ein Wort über sexuelle Themen verlor und den rechten Schächer rehabilitierte, weil dieser glaubte. Sogar über Sodom und Gomorrha sagte er: „Am Tag des Gerichts ergeht es diesen Städten besser als dir, Jerusalem, das du nicht glaubtest.“

Ich kenne genügend moralisch integre Menschen, die nicht glauben oder sich als Atheisten bezeichnen. Daneben gibt es genügend gläubige Mitmenschen, die Probleme mit den moralischen Vorgaben haben. Warum aber scheint die Moral keine so dominante Stellung in der Lehre Jesu zu haben? Kann es sein, dass der Glaube zur Moral führt und nicht umgekehrt?

Jesus erkannte die katastrophalen Begleiterscheinungen der pharisäischen Gesetzlichkeit. Sie verwechselten Religion und Moral. Wer moralische Werte über die religiösen stellt, läuft Gefahr, Steine zu werfen und zu meinen, er selber sei durchaus okay. Gott ist nicht moralisch zu verstehen. Wir dürfen uns nicht anmaßen, andere zu verurteilen, auszugrenzen und Gott als den strafenden Richter über sie zu verhängen.

Im Glaubensbekenntnis kommt die Sexualmoral nicht vor, sondern allein der Glaube an Jesus Christus. Natürlich ergibt sich aus diesem Glauben eine Bereitschaft zur Liebe. Diese Liebe bedarf keiner Verbote. „Ama et fac, quod vis, sed ama!“, sagte Augustinus: Liebe und du kannst machen, was du willst, aber liebe!

Das Christentum wurde zu lange und wird immer noch auf Verbote und Sanktionen reduziert. Man drohte mit dem Gott der Liebe. Vorschriften und Gesetze wurden verabsolutiert. Infolgedessen erstarrte die Lebendigkeit des Lebens. Mit frommen Leistungen versuchte man Gott zu besänftigen, wobei immer mehr die Freude am Leben verloren ging. Und dann schliefen zu viele Christen an ihren „Tugenden“ ein, bis Gott sie in die Sünde fallen ließ, um sie zu wecken.

Schuld als Gnade. „Man muss die Menschen auf die rechte Bahn bringen, sonst gehen sie verloren“, meinte ein Seminarteilnehmer. Ein anderer empfahl mir, unbedingt öfter von der Hölle zu sprechen, sonst würde die Botschaft Jesu verkürzt. Mir scheint, es herrscht in gewissen Kreisen die Skepsis vor, dass die Menschen bei größerer Freizügigkeit eher unmenschlich als menschlich sein wollen. Welche Verkennung der Lehre Jesu! Manche sind religiös genug, um zu hassen, aber nicht religiös genug, um zu lieben. Selbstverständlich kann es nicht um moralische Freizügigkeiten auf Kosten anderer gehen, welcher Art auch immer. Die Betonung der Glaubensbereitschaft in den Reden Jesu ist kein Freibrief für beliebiges unmoralisches Handeln. Ihm ging es um die Priorität. Das sechste Gebot ist nicht das erste.

Der Evangelist Johannes berichtet uns von der Begegnung Jesu mit der Samariterin am Brunnen (vgl. Kapitel 4). Als Jesus vom Wasser des ewigen Lebens spricht, bittet die Frau um dieses durstlöschende Wasser. Darauf fordert er sie auf, ihren Mann zu holen. Sie aber muss bekennen, dass sie nicht verheiratet ist. Jesus konfrontiert sie mit der Wahrheit: „… Fünf Männer hast du gehabt, und der jetzige ist nicht dein Mann.“ Damit war dieses Thema beendet, und Jesus gibt sich im weiteren Verlauf des Glaubensgesprächs als Messias zu erkennen. Kein Wort mehr über die chaotischen Verhältnisse der Frau, kein Tadel wegen ihres Lebenswandels. Man kann sich gut vorstellen, dass die Frau ihr Leben nun ändern wird, und zwar aufgrund der Offenbarung Jesu über seine Identität als auch aufgrund seines Wissens um den Lebenswandel der Frau. Moralinsäure war nie ein Mittel seiner Mission.

Jesus unterlässt die Unterscheidung von Anständigen und Unanständigen. Alle sind Sünder. Er will sie alle gewinnen; und er kann nur dort wirken, wo die Menschen an ihn glauben.

Johannes Rau, der 2006 verstorbene Altbundespräsident, sagte anlässlich des 50-jährigen Bestehens des Malteser Hilfsdienstes in Köln 2003: „Christen sind nicht besser als die anderen, aber sie haben es besser als die anderen." Sie haben es besser, weil sie um die Gnade Gottes wissen, weil sie die Zusage Jesu haben: „Ich bin bei euch alle Tage bis ans Ende der Welt." Warum nur kommt das im Bewusstsein der Christen nicht zum Ausdruck?

Es geht mir nicht um Relativierung moralischer Ansprüche. Ehrlichkeit, Wahrhaftigkeit, Zuverlässigkeit, Treue, Fairness, Anteilnahme, Hilfsbereitschaft sollten von uns so gut wie möglich gelebt und vermittelt werden. Doch jede Form sozialer, geistiger und moralischer Repression ist als unchristlich zu entlarven, so Eugen Biser, weil uns Christus zur Freiheit befreit hat (Gal 5,1).

Nun ist der Glaube allein nicht ausreichend; es muss die Tat folgen. „Nicht jeder, der zu mir sagt: Herr, Herr, wird in das Himmelreich eingehen, sondern wer den Willen meines Vaters tut …" (Mt 7,21) Tut er ihn nicht, hat dies eher Konsequenzen für ihn selber als für andere. Deshalb soll keiner der Rechtgläubigen sich zum Richter über ihn erheben; Gott grenzt nicht aus, sondern der Mensch sich selbst. Darin liegt seine Hölle.

Ein älterer Herr kam zu mir und klagte seine Not mit dem frommen Glaubensbruder nebenan. Es gab Meinungsverschiedenheiten zwischen den beiden wegen einer Gottesdienstgestaltung und anderer formaler Angelegenheiten. Der Ältere hatte einen von Geburt an behinderten Sohn, der kürzlich verstorben war. Nun bekam er einen Brief vom Nachbarn: *Lieber Bruder im Herrn. Ich habe im Gebet die Weisung erhalten, Dir mitzuteilen, dass Gott Deine Verblendung strafte, indem er Dir Deinen Sohn nahm. Kehre um und versöhne Dich mit ihm. – In Liebe, Dein N.* Der Mann war untröstlich und am Boden zerstört über diese „brüderliche" Zurechtweisung. Auf der Rückseite der Karte stand der Spruch aus Psalm 103: *Barmherzig und gnädig ist der Herr, geduldig und von großer Güte.*

Hier haben wir ein Beispiel für selbstgerechtes Verhalten eines durchaus frommen und gut meinenden jungen Mannes. So kann man mit dem lieben Gott einen Mitmenschen erschlagen und sich selber für moralisch integer halten. Und wo immer man sich dann auf Gott persönlich beruft, ist jegliche Diskussion beendet.

Da hat einer diesen Jesus wohl gründlich missverstanden. Schon Teresa von Avila warnte vor der Übertreibung des Guten, die bei Moralisten, Fundamentalisten und Rigoristen eine oft anzutreffende subtile Form der Versuchung darstellt.

Proselyten finden sich zuhauf unter denen, die sich für gerecht halten. Proselyten waren die zur Religion Israels übergetretenen Heiden, oftmals fanatische Neubekehrte. Auch heute gibt es diese rigorosen Konvertiten, die päpstlicher sein können als der Papst. Gelegentlich spürt man auch das gewisse Gefühl von Überlegenheit und eine subtile Verachtung derer, die die Wahrheit nicht besitzen oder noch „in Sünde leben".

Da verdächtigt eine Frau ihren Mann der Untreue und ertappt sich dabei, dass sie selber außereheliche sexuelle Fantasien hegt. Aus Scham darüber hat sie sie gründlich verdrängt. So überträgt sie nun unbewusst ihre Schuldgefühle auf ihren Mann. In der Heftigkeit, wie solche Menschen Glaubensdiskussionen führen und einen Standpunkt verteidigen, erkennt man bisweilen den angstbesetzten Hüter der wirklichen oder vermeintlichen Wahrheit.

Ich selber erhalte gelegentlich Briefe von Teilnehmern meiner Seminare und von Lesern meiner Bücher. Gottlob kann ich mich über Anerkennung und ermutigende Worte nicht beklagen. Und negative Kritik darf auch sein. Denn es jedem recht machen schafft nicht einmal der liebe Gott. So schrieben einige Damen mir ihre Meinung zu meiner Meinung bezüglich alternativer Heilverfahren. Sie lehnten meine Zustimmung zur Homöopathie nicht nur ab, nein, sie warfen mir Häresie und Glaubensirrtümer vor, als ob es jemals eine Glaubensaussage der Kirche dazu gegeben habe. Und nicht genug damit: Sie sprachen mir jegliche Unterscheidungsgabe ab und hielten mich insgesamt für untragbar. Beendet wurde der lange Brief mit „freundlichen Grüßen".

Mir war nicht wohl. Es war weniger die ablehnende Stellungnahme als solche als vielmehr die Form. Freundlich verkleidet kam sie mir vor wie ein Tiefschlag in den Magen. Wie wohltuend wäre es doch, wenn wir unterschiedliche Meinungen akzeptieren könnten, ohne uns gegenseitig des Glaubensverlustes oder der Häresie zu verdächtigen.

Die Klugheit über die Wahrheit stellen

Es mag für viele Christen eine neue provokante Erkenntnis sein, dass Jesus die Klugheit mitunter höher setzte als die Wahrheit. Dies bedeutet keineswegs, der Lüge Vortritt zu geben. Die Empfehlung „Seid klug wie die Schlangen“ hat ihren festen Platz in der Bibel und muss immer wieder neu geübt werden. Wahrheitsfanatiker können sich damit auf keinen Fall abfinden, heißt doch das achte Gebot: Du sollst kein falsches Zeugnis geben wider deinen Nächsten. Und doch bedienen wir uns täglich der Lügen aus unterschiedlichen Motiven. Nicht alle Motive sind verwerflich. Da rennt ein Ausländer um sein Leben, weil ihn Skinheads verfolgen. Er läuft in die offene Tür Ihres Hauses hinein und versteckt sich. Die Verfolger haben das nicht genau mitbekommen und fragen Sie, ob der Typ bei Ihnen steckt. Sie werden hoffentlich nicht die Wahrheit sagen. Sie werden es verneinen und damit lügen oder ganz mutig und schlagfertig antworten: „Ja, er ist hier. Aber Sie kriegen ihn nicht.“ Mal sehen, was dann geschieht. Im Dritten Reich haben viele Retter gelogen und Papiere gefälscht, um Juden zu schützen. Sünde? Bei Gott nicht!

„Gefall ich dir, Schatz?“, fragt Sie Ihre Frau. „Natürlich gefällst du mir“, antworten Sie, auch wenn es nicht ganz stimmen mag. Aber Sie wollen ihr nicht weh tun.

Manche Lügen scheinen unerlässlich zu sein, will man den anderen nicht kränken. Tatsächlich gehören derartige Rücksichtnahmen, die keinem schaden und keinem einen egoistischen Vorteil verschaffen, zum sozialen Überleben.

Jemand verlässt vorzeitig die Geburtstagsfeier, weil ihm etwas nicht passt. Auf die Frage, weshalb er denn schon gehen wolle, schiebt er Müdigkeit vor. Er will den Gastgeber nicht kränken.

Wir nutzen viele Formen der Un- und der Halbwahrheiten, um uns oder andere zu schützen, um andere nicht zu verletzen. Lügen aus Missgunst, Habgier, Bosheit, Rache, Egoismus oder Profitgier sind verwerflich. Das meint auch die Bibel. Denn sanfte Täuschungen und Lügen aus Takt, Höflichkeit, notwendiger Geheimhaltung und zum Schutz der eigenen Intimsphäre verletzen nicht; hingegen kann die volle Wahrheit zerstörerisch wirken.

Die „reine Wahrheit" richtet mehr Unheil an als solche Beschönigungen, Auslassungen, Ausreden, Notlügen usw. Die hässliche Seite der Wahrheit zeigt sich, wenn jemand ein ihm anvertrautes Geheimnis an Dritte weitergibt oder einer den anderen „outet", d.h. seine ganz privaten und vielleicht moralisch fragwürdigen Neigungen denunziert. Entscheidend bleibt das Kriterium: Richte ich Schaden an oder schütze ich jemanden? Gewiss kann es sich nicht darum drehen, durch Lüge einen kriminellen Täter zu schützen. Und es geht auch nicht darum, seinen Glauben zu verleugnen aus Angst vor negativen Folgen.

Es gibt kein Leben ohne Lüge. Wer glaubt, in der Wahrheit zu leben, belügt sich selber. Wer ohne Schädigungsabsicht lügt, begeht nicht unbedingt eine Sünde. Außerdem gibt es keine absolute Wahrheit, nur eine Wirklichkeit, die jeder anders sieht. Wenn der Mann stets schreit, weil die Frau immer so schweigsam ist, und die Frau immer so schweigsam ist, weil er schreit, dann halten beide ihre Sichtweise für richtig und wahr und werfen dem anderen jeweils die Lüge vor.

Ich habe mir sehr oft geschadet durch schonungslose Offenheit. Eine Lüge wäre für die Beziehung, für den Frieden und für die eigene Befindlichkeit klüger gewesen. Unbefugte Neugier kann man abwimmeln mit der Bemerkung „Das geht dich nichts an". Diese ausweichende Antwort weckt den Verdacht des Fragenden.

Wer lügt, um sich nicht dem Angriff auszusetzen, handelt in Notwehr. Eine Mutter sollte ihr Kind niemals fragen, wen es denn lieber habe, den Papa oder die Mama. Das Kind kommt in Bedrängnis, weil es niemanden enttäuschen will. Vielleicht sagt es diplomatisch: „Ich habe beide lieb." Und lügt.

Ein Lehrer sollte niemals einen Schüler festnageln auf die Wahrheit: „Peter, hat Michael bei dir abgeschrieben?“ Denn Peter wird Michael schützen wollen und demzufolge lügen. Dann muss auch Michael, sollte er gefragt werden, lügen, um Peter zu schützen, der ihn geschützt hat. Es gibt eben Fragen, die man nicht stellen darf. Vielleicht sehen Sie das anders. Vielleicht meinen Sie, dass auf jeden Fall beide die Wahrheit sagen sollten, auch auf die Gefahr hin, dass ihnen ein unverhältnismäßiger Schaden daraus erfolgt. Im Prinzip ist der Mut zur Wahrheit inklusive Folgen dringend zu empfehlen. Im Prinzip. Wer aber kann blitzschnell die Konsequenzen ermessen, die sich aus der Wahrheit ergeben? Peter hätte sagen können: „Fragen Sie doch Michael!“ Jedoch nicht immer hat man die beste Antwort parat.

Ananias und Saphira haben der Gemeinde Geld unterschlagen. Von Petrus zur Rede gestellt, leugnen sie den Diebstahl. Zur Strafe fallen sie tot um. So nachzulesen in der Apostelgeschichte (Kapitel 5). Hier war die Lüge zweifellos dumm; ihr Motiv war Habgier. Die Wahrheit hätte sie frei gemacht.

Ich gebe zu, es ist nicht einfach, sich auf dieses Parkett zu begeben. Wann ist es die biblisch gebotene Klugheit, wann ist es eine rausgerutschte Angst- bzw Notlüge, wann ist es eine vorgeschobene Schutzbehauptung, wann eine soziale Lüge, die keinem schadet, aber allen nützt? Da wäre es wirklich einfacher, stets die Wahrheit zu sagen, nichts als die Wahrheit. Wenn es denn so einfach wäre.

Jesus hat nie die Sünder in der Öffentlichkeit geoutet; nur mit den selbstgerechten Wahrheitsfanatikern lag er im Clinch. Einmal, in der Begegnung mit der Samariterin am Brunnen, outete er sie, indem er ihr auf den Kopf zu sagte: „Du bist nicht verheiratet, fünf Männer hattest du und der jetzige ist nicht dein Mann.“ Die Frau gestand. Dann wechselte Jesus das Thema und outete sich als Messias. Er schlug ihr die Wahrheit nicht wie einen nassen Lappen ins Gesicht.

Unsere Medien leben von einem universellen Enthüllungsdrang. Während die einen ihren Expartner seelisch ausziehen und einen schmutzigen „Rosenkrieg“ in aller Öffentlichkeit führen, in der Meinung, alle hätten ein Recht auf die Zuschaustellung privater Geheimnisse, suchen die Bloßgestellten nach einem Feigenblatt, das sie vor der Häme der Wahrheitssucher schützen soll. Als Adam und Eva nackt dastanden, banden sie sich ein Feigenblatt um. Was macht Gott? Er gibt ihnen Felle, damit sie sich verhüllen können.

Der viel gepriesene Datenschutz ist kein Schutz. Wir liefern uns immer mehr aus, werden durchsichtig, verlieren den letzten Rest an Geheimnissen und Intimitäten. So flüchten jetzt die Internet-User in den anonymen Chat, legen sich eine neue Identität zu und ermöglichen sich so ein zeitweise geschütztes Leben. Diese Identitätslüge ist eine Folge unseres Wahrheitsfanatismus und unseres perfiden Offenbarungszwangs. Niemand hat das Recht, meine Ängste, Sehnsüchte, Neigungen, meine kleinen Geheimnisse auszukundschaften, um sie anderen preiszugeben. Sobald die Wahrheit zerstört, beleidigt sie den Gott der Liebe, der selbst den größten Sünder vor der Häme der anderen schützt. Wo immer jemand behauptet, Gott habe ihm die Sünden eines Mitmenschen geoffenbart, lügt er. Das tut Gott nicht.

Wenn ich das Recht habe, einen Menschen zu töten, bevor er mich tötet (physische Notwehr), habe ich dann nicht auch das Recht zu lügen, um meine Privatsphäre vor Angriffen zu schützen (geistige Notwehr)? Sollten sich jetzt Schuldgefühle einstellen, muss dies kein Indiz für wirkliche Schuld sein; denn Gefühle können irren. Ich bekäme massive Schuldgefühle, wenn ich jemanden erlaubterweise töten würde, um mein eigenes Leben zu schützen.

Der Kölner Kardinal Joseph Frings erlaubte den armen Menschen während des Krieges den Diebstahl von Briketts aus den Eisenbahnwaggons im Fall einer dringlichen Notlage. Um nicht zu erfrieren oder krank zu werden, nahmen sich die Leute das Brennmaterial im Schutz der Dunkelheit. Wer maßt sich an, hier ein Urteil zu fällen? Gott allein darf es.

Nicht jede Lüge oder Täuschung ist klug. Und Konflikte werden dadurch nicht gelöst. Etwas anderes ist das Verschweigen der Wahrheit. Hier muss man immer neu Nutzen und Schaden abwägen, vor allem, wenn es um die Wahrheit am Sterbebett geht. Ich persönlich ziehe die Wahrheit vor, weil ich meine, dass die wirkliche Lösung nur durch Ertragen gefunden werden kann. Geschieht das Lügen zu einem guten Zweck, bleibt der moralische Wert der Lüge unklar. Manchmal tut man das Böse und zugleich das Gute. Davon kann sich keiner freisprechen.

Ich stelle auch diese meine Ausführungen infrage, bin mir nicht ganz sicher, ob ich mit meinen Überlegungen die Botschaft der Bibel treffe. „Wir erkennen alles wie in einem schlechten Spiegel", meinte Paulus und sah die Unmöglichkeit ein, stets richtig handeln zu können; denn: „Ich tu, was ich nicht will, und will nicht, was ich tu." (Röm 7,15 f.) Die moralische Bewertung beruft sich immer auf einen Sittenkodex, der uns unfehlbar und ewig gültig erscheint. Doch die Entscheidung, was gut und böse ist, ist keineswegs so sicher. Es gibt ein instinktives Regulativ, das von Person zu Person und je nach Lage der Dinge unterschiedlich ausfällt. Gesetzesfanatiker ersparen sich die Qual der ethischen Entscheidung und haben ein „reines" Gewissen, weil sie es nie benutzen. Ich bin mir meiner Urteile nie so sicher und bestätige, was C.G. Jung feststellt: „„… Was bei dem einen eine Tugend ist, ist bei dem anderen ein Laster … Andererseits haben fromme Gefühle den Begriff der glücklichen Schuld erfunden, und Christus hat dem Sünder den Vorzug gegeben. Selbst Gott scheint kein besonderes Wohlgefallen an dem bloß Gerechten zu haben." (Gesammelte Werke Bd 18 II, Olten 1971, S. 736)

Den anderen berühren

Die Menschen wurden von Jesus angerührt und berührt. Selbst Aussätzige nahm er in die Arme. Das war ein Affront gegen die Gesetzeshüter.

Berührungen haben heilende Wirkung, wenn sie liebende, nicht funktionale Berührungen sind. Wer den Puls fühlt, einen Verband anlegt oder einen Muskeltest macht, handelt funktional. Wer aber streichelt, umarmt, den anderen an sich drückt, geht darüber hinaus. Dass hierbei Glückshormone ausgeschüttet werden, ist bekannt. Jesus berührte die Kranken, nahm sie bei der Hand, legte ihnen die Hände auf, ließ es zu, dass Johannes seinen Kopf auf seine Schulter legte.

Auch Tiere kennen die beruhigende Wirkung körperlicher Nähe. – In der Therapie autistischer Patienten wird das Festhalten praktiziert; dabei umarmt der Therapeut den Betreffenden unterschiedlich lang bis zur Grenze des Erträglichen. Diese Festhalte-Therapie soll die emotionale Verschlossenheit öffnen.

Es ist bekannt, dass traumatisierte Personen, vor allem Kinder, weniger durch die Gespräche unmittelbar nach der Katastrophe als durch sofortige Umarmungen und Streicheleinheiten vor späteren Folgen ihres erlebten Traumas bewahrt bleiben. Die in die Unglücksorte ausschwärmenden Psychologen sollten also nicht nur mit den Betroffenen reden, sondern sie auch berühren, umarmen, festhalten.

Von Philip Neri, Roms komischstem Heiligen, weiß man, dass er zum rheumakranken Papst gerufen wurde, um ihn zu heilen. Denn längst hatte sich das Heilungscharisma des Komikers herumgesprochen. Philip sprang in das Bett des Papstes und umarmte ihn fest. Da wurde der Papst gesund. Vielleicht eine fromme Legende, aber ein deutlicher Hinweis auf die positive Kraft der Berührung.

Die doppelte Geschichte von der Heilung zweier Frauen erzählt uns Markus in Kapitel 5. Das junge Mädchen, einziges Kind des Bürgermeisters Jairus, gerade mal zwölf Jahre alt und im besten orientalischen Heiratsalter, steht im Schatten des bekannten Papas, hat keine Menstruation, lebt sozusagen nicht, hat vielleicht Magersucht. Sie verkümmert, ist wie tot.

Die etwas ältere Frau, seit zwölf Jahren Menstruationsstörungen, ist in den Augen der Mitmenschen keine wirkliche Frau und fühlt sich ausgestoßen, unrein.

Beide werden erst durch die Berührung gesund. Das Mädchen wird von Jesus an die Hand genommen: Steh auf und lebe! Die Frau berührt verbotenerweise (sie gilt als unrein und darf das nicht) Jesu Gewand und wird gesund.

Hat man in unseren medizinisch-psychologisch geschulten Kreisen je so etwas getan? Wir führen gründliche Anamnesen, lange Gespräche, Medikamentenvergabe und vielleicht noch analytisch orientierte teure Sitzungen durch. Dann wird das alles akribisch protokolliert mit dreifachem Durchschlag, und ein lang begründeter Antrag zur Kostenerstattung geht an die Kassen. Am Ende läuft der Patient, immer noch krank, zum nächsten Arzt. Schließlich endet seine Odyssee bei einem esoterisch angehauchten Heiler, der alles noch verschlimmbessert. (Es kommt darauf an, was genau der Heiler tut. Die esoterische Szene ist kaum abzugrenzen von einer magisch durchsetzten Heilermentalität.) Und endgültig landet der Patient in den Armen einer korpulenten Ersatzmama, die sich „Meisterin der Blauen Flamme“ oder „Madame Schariwari“ oder sonstwie nennt und nichts anderes tut, als ihn fest in ihren Armen zu halten (so vor einigen Jahren in München). Dann geschieht das Unfassbare: Eine Heilung oder Besserung tritt ein.

Es ist erwiesen, dass sogar das Auflegen der Hände ohne direkten Körperkontakt heilen kann. Dabei entstehen im Gehirn Alpha-Wellen mit hohen Amplituden, ein Zeichen für tiefe Entspannung. Sogar die Hämoglobin-Werte im Blut steigen an.

Da kommt ein Pfarrer auf die Idee, Heilungsgottesdienste anzubieten, um handauflegend für die Gesundung der Menschen zu beten. Die Kirche ist proppevoll. Es kommen auch die nicht kirchlich Gebundenen zum Gebet, weil sie sich Heilung, mindestens seelische Stärkung erwarten. Da flattert dem guten Pfarrer ein Brief vom Ordinariat auf den Schreibtisch, in dem ihm untersagt wird, den Begriff „Heilung“ zu verwenden. So wird aus dem Heilungsgottesdienst ein ganz harmloser Segnungsgottesdienst. Auf keinen Fall darf man bei den Menschen eine Heilungserwartung wecken. Was wäre, wenn keine Heilung eintritt? Solche Enttäuschungen will man nicht produzieren. Da frage ich mich, was in Lourdes, in Fatima oder in Medjugorje abgeht, wenn dort die halbe Welt hinpilgert, um Heilung zu erbitten? Was ist vom Auftrag Jesu, die Menschen zu heilen, übrig geblieben? Ich sage es Ihnen: eine rein funktionale Pastoral, die immer weniger funktioniert.

Was machen nun die nach Kontakt, Wärme und Geborgenheit suchenden Menschen in unseren christlichen Gemeinden? Manche haben sich resigniert zurückgezogen; andere suchen sich ein bisschen aufzuwärmen in der Kaffeerunde der Frauengruppe oder beim Stammtisch der Skat-Spieler. Vielen ist gemeinsam, dass sie außerhalb der Ehe etwas suchen, das sie in der Ehe nicht mehr bekommen: körperliche Nähe. So verirren sich manche zunehmend im Gestrüpp sexueller Ersatzbefriedigungen in allen Varianten. Dabei haben nicht einmal alle die notwendigen Schuldgefühle, die sich doch jetzt einstellen müssten. Ja, es gibt sogar welche, die für diese heimlichen und verbotenen Kontakte dankbar sind und sich des Lebens freuen. So wie ein alleinstehender Mann, der regelmäßig „seine" Lola, eine Prostituierte, aufsucht und dort Gehör, Zuwendung, Befriedigung bekommt. Was haben wir falsch gemacht?

Die in den Menschen immer noch eingefleischte Angst vor den „fleischlichen Sünden" führt zur Verdrängung elementarer Empfindungen, selbst unverdächtiger körperlicher Berührungen. Im Weiteren folgen Körperverspannungen und paradoxerweise wachsende „verbotene" Fantasien, derer man sich zu entledigen sucht, indem man genau das tut, was verboten ist. Diese unsägliche Leibfeindlichkeit verdanken wir in der Hauptsache dem guten, skrupulösen Augustinus.

Ein junger Vater ließ es zu, dass seine kleine Tochter ihn am nackten Oberschenkel berührte und einmal auch im Schlafzimmer nackt sah. Irgendwie erfuhr die Ehefrau davon. Da die Beziehung zwischen beiden ohnehin nicht die beste war, entwickelte sich aus diesem banalen Vorgang eine echte Krise. Die Ehefrau verbündete sich mit der Tochter gegen den Mann und warf ihm sexuelle Absichten vor. Es ist nicht schwer, Kinder auf seine Seite zu ziehen und die Fantasien anzuheizen. Jedenfalls stand der Mann vor einem großen Problem: Er musste seine Unschuld beweisen. Die Ehefrau war nicht mehr zugänglich für ein sachliches Gespräch, und die Angelegenheit endete im juristischen Desaster.

Solche Vorgänge bis hin zu den Behauptungen pubertierender Mädchen, der Lehrer habe sie unsittlich berührt, sind bekannt. Was immer dran ist, wird schwer zu belegen sein; denn es gibt auch die Pseudologia phantastica, jene sexuellen Wunschfantasien, die manche nach Zuwendung suchende Mädchen unterbewusst entwickeln und dann für bare Münze halten.

Bezüglich Berührungen und Umgang mit Sexualität sind wir ziemlich geschädigt. Uns fehlt die Unbefangenheit. Schon der Begriff „keusch" wurde ausschließlich auf den sexuellen Bereich bezogen; dabei meint Keuschheit nichts anderes als Absichtslosigkeit. Wo allein das Anschauen nackter Menschen als „unkeusch" definiert wird, wo einer jeden sexuellen Gedankensplitter als unmoralisch empfindet, bleibt prüde Verklemmung übrig oder explosive Befreiung.

Die Wurzel dieser restriktiven Verhaltensweise ist in der unseligen Sexualpädagogik zu vermuten. Was immer oft und laut genug zum Verbot erhoben wird, kann Interesse wecken, vor allem, wenn diese Verbote nicht mehr stimmig sind. Der menschliche Leib mit all seinen Regungen wurde zu sehr mit Verboten geprügelt; wen wundert`s, dass sich Prüderie und Pornographie zu heimlichen Geschwistern machen.

Nur wer seinen Körper annehmen kann, seine erotischen Anteile anerkennt, ist zur emotionalen Wärme und Empathie fähig, besonders denen gegenüber, die davon zu wenig haben: die Kranken und vor allem die sozial Geächteten. Wer allerdings seinen Körper zur Schau stellt, sich lasziv und obszön gibt, verletzt die natürliche Schamgrenze. Die Erfahrung lehrt uns, dass sich diese Menschen im reifen Alter, wenn sie denn je reif werden, zutiefst über ihr Verhalten schämen.

Haben Sie einmal beobachtet, wie sich manchmal Priester beim Friedensgruß benehmen? Die einen begrüßen auf herzliche Weise den Mitbruder am Altar, umarmen ihn oder geben ihm die Hand. Andere ziehen es vor, auf Distanz zu bleiben, und verneigen sich lediglich; wieder andere fassen ihr Gegenüber an der Schulter und nähern ihr Gesicht auf asymptotische Weise dem Gesicht des Mitbruders. Asymptotisch bedeutet in der Mathematik: Es kommt nie zur Berührung. Dieses Bild scheint mir so ein bisschen die Situation unter uns Christen widerzuspiegeln.

Jesus hat keine Scheu. Sogar eine Prostituierte schlich sich von hinten an ihn heran und benetzte mit ihren Tränen seine Füße. Und das vor den Augen des entsetzten Pharisäers Simon, der ihn zum Essen einlud. Anschließend trocknete sie die Füße Jesu mit ihren Haaren ab, küsste sie und salbte sie mit Öl. Das war ein mittlerer Skandal. Jesus erklärte Simon: „Du gabst mir kein Wasser für die Füße; sie aber hat sie mit ihren Tränen benetzt; du gabst mir keinen Kuss, sie aber küsste unentwegt meine Füße …“ Dann folgen die geheimnisvollen Sätze: „Ihre vielen Sünden sind vergeben; deshalb hat sie viel geliebt. Wem wenig vergeben wird, der liebt wenig.“ (Lk 7,44 ff.; nach neuen Erkenntnissen: „deshalb“) – Potzblitz. Dieser Jesus ist wirklich sehr sympathisch. Aber Hand aufs Herz: Würden wir ähnlich handeln und reden? Wenn dem so wäre, gäbe es unter den Christen keine Parias, Unberührbare.

Das Image eines anderen retten

Es war ein kalter Wintertag, als ich einen Anhalter in meinen Wagen einsteigen ließ. Er roch nach Alkohol, was ihm peinlich war; denn er entschuldigte sich pausenlos. Ich entgegnete ihm: „Aber das macht doch nichts. Bei so einem Wetter ist es völlig okay, sich mit ein paar Schnäpsen aufzuwärmen, will man nicht gänzlich erfrieren.“ Ich sagte dies, um ihm einen Grund für sein Trinken anzubieten. Ob er Alkoholiker war, wusste ich nicht. Jedenfalls spürte ich, dass er den „Rettungsring“ dankbar annahm und so sein Gesicht nicht verlor.

„Alles, was ihr wollt, das euch die Leute tun, das sollt ihr auch ihnen tun.“ Diese goldene Regel aus dem Mund Jesu wird im Alltag kaum beherzigt. Ich schließe mich mit ein. Stattdessen sind wir eher verführt, den anderen bloßzustellen, zu blamieren und vor den Leuten abzufertigen. Im schlimmsten Fall mit anonymen Briefen und Denunzierungen im Mäntelchen des Moralapostels, um sich freizumachen von eigenen Sünden.

Zachäus war so ein armes Schwein. Er war Zöllner, kleinwüchsig, in der Gesellschaft nicht beliebt; außerdem im Dienst der römischen Besatzungsmacht, die kräftig Zollgebühren einforderte. Da verfiel auch Zachäus der Versuchung, etwas für sich einzusäckeln. Jetzt sitzt er da oben auf dem Baum, um Jesus besser sehen zu können; vielleicht hat er sich auch nur verstecken wollen, um das Feixen der Leute nicht sehen zu müssen. Jesus geht auf ihn zu und macht etwas, was ungeheuerlich ist: Er ruft ihn vor der gesamten Volksmenge herunter und lädt sich bei ihm zum Essen ein. Er gibt diesem „Halunken" die Ehre, die sich die Pharisäer für sich selbst erhofften.

Bewusste Provokation und heilsame Lehre zugleich. Er isst mit einem Sünder. Und dieser Zachäus, von Jesu Zuwendung völlig verwandelt, verspricht die Rückzahlung seiner überhöhten Zolleinnahmen. Mit einem Essen gewinnt Jesus die Menschen. Hat man je so etwas in unseren Tagen erlebt? Sind wir Christen anders als die Nichtchristen im Hinblick auf Beziehungskultur? Oder handeln wir nicht vielmehr nach dem Motto: „Spiel nicht mit den Schmuddelkindern, sing nicht ihre Lieder …"? Zachäus erlebte endlich mal eine Ehrerbietung, die zwar nicht verdient war, aber zur Wesensänderung führte. Er sah sich vor der feinen Gesellschaft draußen „gerettet"; sein Image wurde zum ersten Mal nicht bespuckt.

Meine Eltern haben es stets so gehandhabt, dass sie mich niemals tadelten in Anwesenheit meiner Freunde. Erst wenn diese weggegangen waren, fand das unangenehme Gespräch statt. Umgekehrt haben mich einige Lehrer vor der Klasse gedemütigt und für dumm verkauft, wenn ich die richtige Antwort nicht wusste. Wer glaubt, eine Pädagogik des öffentlichen Herunterputzens sei ein gutes Mittel, den Schuldigen zu verändern, irrt sich. Das hat noch nie funktioniert. Solche Menschen tragen ihre Kränkungen lebenslang mit sich herum und versuchen, sie loszukriegen, indem sie sie auf andere übertragen; denn nur Verletzte verletzen.

Das Gesicht des anderen wahren bedeutet: ihn vor Angriffen schützen, sein bisschen Ehrgefühl belassen, ihm ein Motiv anbieten, an dem er sich festhalten kann, wenngleich es vielleicht auch ganz anders war. Es geht nicht darum, Mörder und Schurken schönzureden.

Da ist ein Mitarbeiter, der gehäuft Fehlleistungen bringt. Er vergisst Aufträge, verwechselt Adressen, ist fahrig und baut obendrein noch mit dem Wagen seines Chefs einen Unfall. Der Chef reagiert auf die Spötteleien der Belegschaft mit den Worten: „Herr N. steht unter enormem Druck. Seine Frau ist sehr krank und er muss sich verstärkt den Kindern widmen. Ich gebe ihm einige Tage frei. Und Sie bitte ich, sich eine andere Sichtweise zuzulegen. Denn morgen kann es jemand von Ihnen sein, den es trifft."

Dieser Mann leitet eine Druckerei; man kann ihn nicht besonders kirchennah nennen, aber die oben erwähnte goldene Regel setzt er im Alltag um.

Nun können Sie mir entgegenhalten: „Alles gut und schön, doch wie war das mit den Wehe-Rufen Jesu gegen die Pharisäer, der öffentlichen Bloßstellung durch den Vergleich mit Natterngezücht und weiß getünchten Gräbern?" Da bedarf es der Unterscheidung. Jesus reagierte heftig, wenn jemand uneinsichtig war, wenn keinerlei Bereitschaft zur Veränderung oder zum Glauben gezeigt wurde. Die Zurechtweisung war schmerzlich, nicht aber lieblos. Jesus hatte viel Geduld mit den Sündern, sprach gelegentlich von der Stunde, die „noch nicht gekommen" war, und ließ den Menschen Zeit zur Korrektur ihres falschen Denkens und Tuns. In dieser „Schonzeit" ließ er es nicht zu, dass andere über sie herfielen und ein vernichtendes Urteil fällten. Wer aber verblendet war und selbstgerecht auftrat, erregte sein Gemüt; da wurde er zornig.

Es kommt leider immer wieder vor, dass besonders fromme und regelmäßige Kirchgänger ihren Unmut über eigenmächtige liturgische Veränderungen durch den Pfarrer dem Bischof melden. Statt mit dem Pfarrer zu sprechen, wenden sie sich direkt an den Oberhirten. Diese frommen Schäfchen machen sich zum bellenden Schäferhund. Das Motiv dieser besorgten Christen bleibt unklar. Jetzt wendet sich der Bischof an den Pfarrer; dieser fühlt sich diskriminiert, in seinen Anliegen überhaupt nicht verstanden und reagiert vielleicht mit Resignation oder Aggression oder mit einem zeitraubenden schriftlichen Schlagabtausch. Da er den „Denunzianten" nicht kennt, bleibt Raum für Verdächtigungen, Misstrauen, Bitterkeit. Solche Vorgänge sind unerfreulich und könnten aus der Welt geschafft werden, indem man prinzipiell Ross und Reiter nennt und auf anonyme Schreiben nicht reagiert. Im Übrigen bin ich der Meinung, dass ein Oberhirte in der Öffentlichkeit zunächst einmal des Pfarrers Rücken stärken sollte, statt ihm in den Rücken zu fallen. Was dann unter vier Augen besprochen wird, ist eine andere Sache. Mein Vater hätte mich niemals in der Öffentlichkeit bloßgestellt oder gerügt. Und anonyme Briefchen bzw. Anrufe hätten keine Chance gehabt.

Tatsächlich gibt es erhebliche Kommunikationsstörungen innerhalb der Kirche. Das gibt auch Papst Benedikt XVI zu. Im Buch „Salz der Erde“ finden sich ab Seite 181 aufschlussreiche Bekenntnisse dieser Art, die ich hier nicht aufzählen möchte.

Es ist erwiesen, dass in jenen Familien, in denen die Atmosphäre einer starren Sittlichkeit herrscht, ein enorm hoher Prozentsatz von Neurotikern lebt. Diese ständig gemaßregelten Menschen geben entweder ihre angeprügelte Sittlichkeit vollends auf, um wieder atmen zu können, oder sie geben sie ebenso unerbittlich an andere weiter, um die eigene Verdrängung erträglich zu machen. In heimlicher Begierde nach dem unkontrollierten Leben in vermeintlicher Fülle prangern sie das ungezügelte Verhalten der Sünder an, wobei ihnen ihre Fantasie laufend Schnippchen schlägt; denn was sie den anderen vorwerfen, überschreitet bei Weitem die Wirklichkeit. Ein solch armer Schlucker vermag unmöglich das Gesicht des Nächsten zu retten; er wird es im Deckmantel der Tugend in die Öffentlichkeit zerren. Davon lebt die Boulevardpresse, in der Geschiedene übereinander herfallen und intime Vorgänge preisgeben, um sich zu rächen. Da wird zwangsgeoutet, „gebeichtet“, Rache geübt, Beziehung akribisch kaputt gemacht.

Z.B. hat einer sein Familienleben durch Ehebruch zerstört. Seine puritanische Erziehung, die alles Sexuelle für schmutzig hielt, verhinderte eine gesunde Verbindung zwischen seelischer und körperlicher Liebe. In der Beziehung mit der Geliebten findet er nun Zuwendung und all das, was ihm in der eigenen Ehe verwehrt war, weil seine Frau stets dann den ehelichen Verkehr verweigerte, wenn sie gekränkt war. Moralisch hielt sich die Frau für besser als ihren Mann. Eine gefährliche Lebenslüge, die viele durch rege Beteiligung am Gemeindeleben und durch freundliches Auftreten draußen zudecken.

Wir neigen dazu, einen Teil des menschlichen Charakters zum Ganzen zu machen. Dieser Hof-Effekt gaukelt uns vor, dass der andere generell negativ gesehen wird, weil wir eine negative Eigenschaft bei ihm gefunden haben, bzw. generell positiv empfunden wird, weil wir einmal etwas Gutes erfahren haben. Da bleibt keine Chance zur vorurteilsfreien Sichtweise.

Philip Neri wollte den Ruf seiner Heiligkeit abwerfen und lief betrunken durch Rom; es half nichts. Für die Römer blieb er ein Heiliger. Wir hingegen können den Ruf der Sündhaftigkeit nicht ablegen, selbst wenn wir Heiliges tun.

Die Botschaft der Bibel lautet: Wir sind alle gleich. Das kann die Selbstgerechten zu mehr Demut führen und die Sensiblen von ihren Minderwertigkeitsgefühlen heilen.

Teilen

Die Großfamilie ist ausgestorben. Einzelkinder haben kaum Möglichkeiten, das Mitteilen und Teilen zu üben, und die schwierige Lage auf dem Arbeitsmarkt verführt zu Ellbogentaktik und Konkurrenzmentalität. Da wird ausgegrenzt und gemobbt, dass sich die Balken biegen, und jeder ist sich selbst der Nächste.

Ein wesentliches Merkmal der Gemeinschaftsfähigkeit ist das Teilen. Wie schaut es damit aus in unserer Gesellschaft?

Da hat einer vier Millionen Euro im Lotto gewonnen. Seine drei Kumpels beanspruchen nun ihren Anteil, weil es sich ihrer Meinung nach um eine Lottogemeinschaft handelt. Doch der Gewinner verneint dies, da er angeblich einen zweiten Schein einreichte, der rein privater Natur war. Die ihm zugestandene eine Million Euro reicht ihm nicht. Macht Reichtum geizig? Kaum. Er war es schon vorher.

Kaum ein Monat vergeht, in dem ich nicht konfrontiert werde mit erbschaftsgeschädigten Personen, die wegen Benachteiligung ihrer Rechte klagen. Bei Geld hört die Freundschaft auf, sagt der Volksmund. Ich meine aber: da fängt der Beweis für die Freundschaft erst an.

Nach dem Krieg waren viele Menschen auf die Hilfe anderer angewiesen. Ich erinnere mich gut, wie morgens vor Schulbeginn Nachbarkinder zu uns kamen, um ein Schulbrot abzuholen, das ihnen meine Großmuttter schmierte. Ich wuchs auf in einem Klima des Teilens und Mitleidens. Geiz und Eigenbrötelei sind mir unbekannt. Dafür habe ich andere Fehler …

Alle Jahre feiern wir kostümträchtig den heiligen Martin, der seinen halben Mantel einem frierenden Bettler gab. Rührend, nicht wahr? Unser Gründer Vincente Pallotti tat desgleichen und starb prompt an Lungenentzündung. Wie dumm von ihm, oder? Viele können so was nicht verstehen, weil ihnen diese Fähigkeit des Verzichtens und Teilens völlig abgeht, oder sie sind zu Tränen gerührt, ohne selbst aber ihr Verhalten dahingehend zu ändern. Das ganze Elend der Welt beginnt mit dem Satz: „Das gehört mir, das ist mein!“ In mancher Wohngemeinschaft wird die Gütergemeinschaft einseitig verstanden nach dem Motto: „Was dir gehört, gehört auch mir. Und was mir gehört, geht dich nichts an!“

Trotz allem: Unser Land zeigt sich großzügig gegenüber den von Katastrophen, Seuchen, Erdbeben und Tsunamis gebeutelten Völkern. Die Solidarität wird gottlob groß geschrieben, wohl auch im Rückblick auf die eigene Not nach dem Krieg und die Hilfe der Amerikaner.

Teilen ist keine spezifisch christliche Haltung, sondern eine dem Menschen gegebene Anlage, die er allerdings schon früh einüben muss. Sie beweist ihre Stärke dann, wenn beide Seiten zu kurz kommen, wenn also das Brot halbiert werden muss. Die eindrucksvollsten Beispiele des Teilens habe ich meist unter den Armen erfahren, beispielsweise in Afrika. Die Botschaft Jesu verspricht den Teilenden eine geheimnisvolle Verdoppelung des Halbierten. In der Speisung der fünftausend Menschen bleiben zwölf Körbe übrig. Zwölf bedeutet: Fülle,

Vollendung. (Ebenso die sieben Körbe in der zweiten Erzählung von der Brotvermehrung.) Wer also abgibt, wird reich. Wer verzichtet, gewinnt.

Der Prophet Elias erbittet inkognito von einer Witwe etwas Brot. Sie verbraucht dazu den letzten Rest Teig, den sie noch besitzt. Zum Dank dafür wird ihr Ölkrug nicht mehr leer.

Jesus fordert uns auf, sozusagen das letzte Hemd herzugeben, sogar für höchst fragwürdige Leute. Er meint: „… Dem, der deinen Rock nehmen will, dem lass auch den Mantel.“ (Mt 5,40) Das muss nicht wörtlich gemeint sein, aber der verschlüsselte Rat lautet: Komm diesem Menschen entgegen in einer Weise, die er nie erwarten würde. Nur durch gutes Handeln wird er in seiner Härte aufgeweicht und beschämt. Benutze nicht dieselben Waffen wie er.

Ich habe das einmal wörtlich praktiziert. Mit Erfolg. Ein junger Kerl, besser gesagt: ein armer Schlucker, gab mir ein teures Hemd nicht mehr zurück. Er brach allen Kontakt mit mir ab, aus Angst vor juristischen Schritten oder aus Scham. Ich ließ ihm ein weiteres neues Hemd als Geschenk zukommen. Daraufhin meldete er sich telefonisch, entschuldigte sich pausenlos und offenbarte mir seine Scham. Das erste Hemd war kaputtgegangen und Geld für ein neues hatte er nicht.

Hier kommt wieder eine fragwürdige Gesinnung ins Spiel: Soll man einem Tunichtgut Gutes tun? Ja, sagt Jesus. Nein, meinen viele Moralisten. Sie sind der Auffassung, dass ein Entgegenkommen als Zustimmung gedeutet werden könnte. Und Halunken belohnt man nicht noch. Also muss der Bösewicht ignoriert oder bestraft werden, damit ihm klar wird, wie böse er ist.

Eine Geschichte erzählt uns, wie Abraham einem fluchenden Gast und Dieb das Gastrecht verweigerte. Da stellt ihn Gott zur Rede: Ich habe diesem Mann jeden Tag zu essen gegeben, obwohl er flucht und stiehlt. Hättest du ihm nicht ein einziges Mal zu essen geben können?

Es geht nicht darum, Kriminellen einen Freibrief auszustellen für ihre schlechten Taten. Es geht darum, jedem Menschen das Notwendige zu geben, gleich welcher Hautfarbe, Gesinnung oder Konfession; egal, ob er etwas verbrochen hat. Alle brauchen Liebe, besonders jene, die sie nicht verdient haben.

Ein Vater enterbte seinen Sohn, weil dieser aus der Kirche ausgetreten war. Dieser Akt war eher ein Racheakt. Als ob der Sohn dadurch zur Kirche zurückfände! Im Gegenteil: Die bittere Erfahrung, dass ein treuer Kirchgänger und gottesfürchtiger Vater so handelt, trieb ihm noch den Rest an Sympathie für seine Kirche aus. Wer Menschen für etwas gewinnen möchte, sollte nicht persönliche Kränkungen an ihnen auslassen. Der „verlorene Sohn" fragte sich, was am Christsein so attraktiv sei, wenn es sich vorwiegend festmache an Bestrafungen, Drohungen, Verweigerungen und Ausgrenzung. Ich konnte den sterbenden Vater dazu überreden, die Enterbung rückgängig zu machen. Tatsächlich fand eine Versöhnung statt. Der Sohn trat wieder in die Kirche ein. Na also, es geht doch. Mit Liebe. Und wenn es nicht gegangen wäre? Wir sind nicht verantwortlich für die Entscheidungen anderer. Ich bin kein Richter, der Sanktionen austeilt, um Gerechtigkeit walten zu lassen; ich bin der sündige Mitmensch, der Sanktionen schenkt, um Barmherzigkeit zu zeigen. (Der Begriff „Sanktionen" ist mehrdeutig; er bedeutet sowohl „festsetzen" als auch „erteilen" und „heiligen".)

Dazu der niederösterreichische Hauptschullehrer und Autor Ernst Ferstl: „Liebe kann man nur haben, wenn man sie gibt. Liebe kann man nur geben, wenn man sie hat."

Neben dem Teilen des Besitzes gibt es auch das Austeilen der Worte. Ein guter Christ überlegt sich seine Worte, bevor er schweigt. Wir reden zu viel, zu lang, zu ungenau. Das nervt. Doch darüber mehr im zweiten Kapitel.

Loslassen

Lots Weib konnte nicht loslassen. Trotz des Verbotes, sich umzuschauen, wirft sie noch einen Blick auf die brennende Stadt Sodom und erstarrt zur Salzsäule. Auch heute erstarren viele in seelischer und geistiger Hinsicht zur Salzsäule, mitunter begleitet von Rheuma, Gefäßverengungen, Verstopfung, Migräne u.a.

Alle Kenner der Bibel wissen es längst: Gott legt großen Wert auf die Fähigkeit, Dinge, fixe Ideen, falsche Ängste, Eigenregie, hohl gewordene Traditionen und vieles Belastende loszulassen. In einigen Bereichen wird Gott aber falsch verstanden. Es fällt auf, wie sehr Christen alte Schuld festhalten, immer wieder und wieder zum Thema machen, sich selbst nicht verzeihen können, obwohl Gott ihre Schuld längst entsorgt hat. Einige meinen sogar, sie müssten die Sünden stets vor Augen halten und sich das Leben dadurch erschweren, weil sie es nicht besser verdient haben. Sie halten dies für eine vor Gott rechtschaffene Opfergesinnung.

Immer noch klagen sich Christen an, am Freitag Fleisch gegessen zu haben. Dabei ist dieses Fastengebot längst aufgehoben worden; lediglich Aschermittwoch und Karfreitag sind strenge Fasttage geblieben. Ist es wirklich ein Opfer, am Freitag statt der Schweinshaxn ein raffiniertes Zanderfilet zu essen? Betrügen wir uns damit nicht? Wäre es nicht besser, einmal in der Woche auf das Rechthaben verzichten zu wollen oder eine Mahlzeit ausfallen zu lassen? Oder mal einen Tag lang nicht zu schimpfen und zu meckern? Lassen wir endlich sinnlos gewordene Traditionen los!

Andere tun sich schwer, ihre Kinder loszulassen, weil sie sich lebenslänglich für deren Entscheidungen verantwortlich fühlen. Hat Gott nicht gesagt: Was ihr anderen tut, tut ihr mir? Und müssen wir nicht Hüter unserer Nächsten sein? So schleppen sie Ballast mit sich herum, binden sich an Vergangenes und blockieren ihre eigene Weiterentwicklung.

Da lehnen die Eltern den Freund ihrer Tochter ab und drohen ihr mit Gesprächsverweigerung im Fall fortgesetzter Beziehung. Die Tochter gerät in eine Beziehungsfalle, in der sie auf jeden Fall Schuldgefühle kriegt: Hält sie zum Freund, was ihr gutes Recht ist, kränkt sie ihre Eltern. Hält sie zu den Eltern, kränkt sie den Freund, der das nicht verstehen kann. Die Eltern berufen sich auf das vierte Gebot: Du sollst die Eltern ehren. Sie haben wohl vergessen, was Paulus sagte: Ihr Eltern, reizt die Kinder nicht zum Zorn. Jesus selber plädierte immer für eine Abnabelung. Es darf vermutet werden, dass er seiner

Mutter viel Schmerz zufügte mit seiner Karriere. Eltern ehren, ja. Aber als erwachsener Mensch nicht immer alles tun müssen, was Eltern sagen. Manchmal kann sogar der Gehorsam schuldig machen. Die Angst vor der Einsamkeit oder vor dem Verlust einer lang geübten pädagogischen Einflussnahme (manchmal auch Eifersucht) mag Eltern dazu verführen, ihre Kinder über Gebühr zu binden. Doch sie schulden ihren Kindern die Entscheidungsfreiheit, während Kinder ihren Eltern Respekt schulden, was nicht in jedem Fall mit Gehorsam gleichzusetzen ist. Als die Tochter sich nun für den Freund entschied, war die Tür des Elternhauses zu. Jetzt sind die Eltern verbittert und berufen sich auf Gottes Gebote in einer unzulässigen, wohl falsch verstandenen Weise.

Da will ein junger Mann Jesus nachfolgen, zuerst aber noch zu Hause Abschied nehmen. Jesus entgegnet: Niemand, der zurückblickt, ist tauglich für das Reich Gottes. Ein anderer will seinen toten Vater erst beerdigen. Jesus sagt: Nein, das können andere tun. Das sind harte Worte.

Ein Kind fragte seine Mutter, wie man es schaffe, einen gerade gewonnenen Freund nicht zu verlieren. Die Mutter dachte einen Augenblick nach, dann nahm sie in beide Hände Sand. Die eine Hand hielt sie offen nach oben, die andere war so fest verschlossen, dass der Sand aus der Hand quoll. Der Junge verstand: Halte nichts fest oder du verlierst es. Bleib offen und du behältst.

Ein Vater erlaubt seinem einzigen Sohn nicht, für ein paar Jahre in die Entwicklungshilfe zu gehen, weil er Angst vor dem Alleinsein hat. Der Sohn geht trotzdem. Er gehorcht dem inneren Ruf (Intuition), nicht dem Vater (Suggestion). Wird er schuldig? Vor Gott nicht. Der Schmerz auf beiden Seiten bleibt. Loslassen kann sehr weh tun.

Es ist kein Glück, alles zu kriegen, was ich will, sondern: alles zu wollen, was man kriegt. Wer Ja sagen kann, ist frei. Das ist das Geheimnis der biblischen Botschaft. Nur wer abgibt, wird reich, und wer loslässt, wird frei.

Werft eure Sorgen auf mich, sagt Jesus. Stattdessen behalten wir sie und mehren sie noch durch Grübeleien, ständige

Rückblicke in die Vergangenheit und stille Vorwürfe an Gott, weshalb er das zulasse.

Ungesunde Bindungen an Menschen werden durch Eifersucht, funktionale oder nicht vergebene Schuld, auch durch Hass und Missgunst gefördert. Wer in diese Falle tappt, wird abhängig. So kann sich die Überfürsorge hinter der Maske christlicher Verantwortlichkeit präsentieren und die Rachsucht hinter der Maske der Suche nach Gerechtigkeit.

Kinder loslassen und in die eigene Verantwortung entsenden ist Gebot der Bibel. Diese Botschaft steckt auch hinter der Erzählung vom weggelaufenen Jesus, die uns Lukas aufgeschrieben hat (Kapitel 2). Seit drei Tagen suchen ihn die Eltern in Jerusalem. Dann findet ihn die Mutter im Tempel, wo er, gerade zwölf Jahre jung, lehrt. „Wie konntest du uns das antun?“, fragt sie ihn. Und er weist auf das hin, „was des Vaters ist“.

Der ganze Vorgang darf auch verstanden werden als Einübung in die Abnabelung und als ein Hören auf die innere Stimme. Zu viele Menschen haben nicht lernen können, auf ihre innere Stimme zu hören. Sie wurden genötigt – oft unter Androhung von Liebesverlust –, den Eltern zu gehorchen, was auf Dauer eine Hassliebe hinterlässt: „Ich habe große Wut auf meine Eltern, weil sie mich immer anders haben wollten, als ich gerade sein wollte. Zugleich muss ich sie auch lieben, weil sie meine Eltern sind“, so die Worte eines depressiven jungen Mannes.

In unserer therapeutischen stationären HEILENDEN GEMEINSCHAFT erleben wir seit Jahren diese Dramen, in denen die Kinder von besorgten, einengenden, gutmeinenden, mit Schuldzuweisungen und Gesprächsverweigerung drohenden Eltern in die Depression geführt worden sind. Wenn wir dann zu hören bekommen, dass diese Eltern „gut katholisch“ sind, schüttelt es uns. Da wurde die Botschaft Jesu von der Nächstenliebe offenbar falsch verstanden.

Überhaupt entzünden sich die meisten Streitigkeiten in den Familien und zwischen Ehepaaren an der erdrückenden Moral steter Entsagung, die der eine vom anderen verlangt. Da hält der Mann fest an seiner Eigenregie und dominanten Art, der

Frau und den Kindern seine Sichtweise überzustülpen, während die Frau durch ihre nachgiebige Art dem Mann gerade jene Dominanz gibt, die sie ablehnt. Zum Ausgleich für diese Demütigungen widmet sie sich ganz ihren Kindern und Enkeln, wobei sie nicht mehr merkt, dass sie selber ebenfalls eine subtile Form von Macht ausübt. So versucht sie deren Eigenarten „in rechte Bahnen" zu lenken und der religiösen Entfremdung mit moralischen Appellen beizukommen. Doch je mehr sie auf die Gebote hinweist, desto heftiger erntet sie Gegenwind.

Jesus hat die Menschen nicht umbiegen wollen. Wohl hat er ein Umdenken gefordert bei denen, die sich auf das Gesetz beriefen und dabei den Menschen aus den Augen verloren. Die Phariäser hielten ja akribisch die Gebote ein; ihre Schuld lag in der Überbetonung der vielen kleinen Paragrafen. So war ihre Beziehung zu den Sündern gestört. Jesus warf ihnen diese Schuld vor. Den Sündern hingegen riet er zur Umkehr. Denen vergab er ihre Schuld, damit die Beziehung zu Gott wieder hergestellt wurde. Das eine ist die Korrektur einer geistigen Haltung, das andere die Korrektur einer Lebensweise. In beiden Fällen geht es um das Loslassen.

Ein junger Mann war gerade im Begriff, sich eine Existenz aufzubauen; er nahm bei verschiedenen Leuten, auch bei der Bank, kleinere Darlehen auf, machte hie und da Schulden und verlor plötzlich seinen Job. Jetzt stand er bei zwanzig Personen in der Kreide und musste private Insolvenz anmelden. Er schrieb alle Gläubiger an und bekannte seinen Bankrott. Das überraschende Ergebnis: Fast alle Gläubiger verzichteten auf ihr Geld; lediglich die Bank und eine Versicherungsgesellschaft pochten nachdrücklich auf Rückzahlung inklusive Zinsen. Dabei waren das nicht einmal die größten Summen, die der junge Mann denen schuldete. Da erscheinen die überzogenen Managergehälter solcher Häuser nochmals in anderem, schummrigem Licht. Es ist unschwer, sich auszumalen, wie Jesus reagieren würde …

Zusammenfassung

„Wo zwei oder drei in meinem Namen versammelt sind, bin ich mitten unter euch." Dieser Hinweis Jesu bei Matthäus 18,20 versteht sich als Aufforderung, Gemeinschaft zu bilden, Beziehungen herzustellen. Unsere Religion hat verbindlichen Charakter. Deshalb ist auch der sonntägliche Gottesdienst keine Angelegenheit von einsamen Betern in Feld, Wald und Flur, sondern eine Versammlung aller Christen.

Zu oft grenzen wir Andersdenkende aus, weil wir Angst haben, Ähnliches in uns selber vorzufinden. Es kommt dann zu Auseinandersetzungen ohne abschließende Zusammensetzung. So entsteht die merkwürdige Gesinnungsspaltung derer, die während der Woche gewisse Menschen exkommunizieren und dann am Sonntag in die Kirche gehen, um zu kommunizieren. Sünder sind wir alle. Niemand hat das Recht zu moralisieren, Gott als strafenden Richter auf die Menschen zu hetzen oder sich für besser zu erachten.

Christen sollten stets ihre Frömmigkeit mit Klugheit paaren, d.h. neben der Antenne auch die nötige Erdung behalten, sonst kommt es zu Kommunikationsstörungen. Das Ausgrenzen von Menschen, die anders denken, direkter reden, ungesetzlich handeln, widerspricht dem Gebot der Nächstenliebe. Das hat nichts zu tun mit der Anwendung von Strafen zum Schutz der Gesellschaft. Muss man deshalb den Kontakt mit Außenseitern meiden? Kann nicht auch ein gesunder Apfel den kranken anstecken? Biologisch sicher nicht, aber geistlich. Wo immer Ausgrenzung vorgenommen wird, besteht der Verdacht, dass die Angst vor der eigenen Schwäche oder die verbotene Sehnsucht nach dem, was sich der andere erlaubt, auf dessen Kosten verdrängt wird.

Jesu Zorn wandte sich nie gegen die schwachen, Hilfe suchenden Gesetzesbrecher, sondern gegen die selbstgerechten, starken Gesetzeshüter. Damals wie heute sind die ärgsten Gegner der Andersdenkenden nicht die „Heiden", sondern Leute aus den eigenen Reihen.

Wenn wir Christen nicht anders sind als Nichtchristen, überzeugen wir nicht. Wir sollten nicht irgendeiner Moral nachjagen, sondern den Menschen entgegenkommen.

»Wenn dein Bruder sündigt, dann stelle ihn unter vier Augen zur Rede ...«

(Matthäus 18,15)

2. Streitkultur

Kluges Wangehinhalten

Warum nur wird der Satz Jesu vom Hinhalten der Wange (Mt 5,39) so gründlich missverstanden und als Aufforderung zur Passivität gedeutet? Als er geschlagen wurde, fragte er den Täter: „Warum schlägst du mich? Hab ich Unrecht getan, beweise es mir." Eine Mehrheit derer, die in unserer Heilenden Gemeinschaft sich selbst, Gott und das Leben wiederfinden möchten, hat nicht gelernt zu streiten, sich zu wehren, sich abzugrenzen. In einer falschen Opfertheologie haben sie immer wieder erfahren, dass man nicht streiten soll. Jetzt sind sie krank geworden und die berechtigte Wut über erlittenes Unrecht und demütigende Kränkungen hat sich in Trauer verwandelt. Die schwache Reaktion auf die verletzenden Angriffe anderer wurde nicht selten mit christlicher Moral verwechselt.

Wer meint, seine linke Wange hinhalten zu sollen, kann es tun. Er möge aber nicht andere lehren, dies auch zu tun; denn der Christ ist verpflichtet, alles daran zu setzen, dass der andere nicht geschlagen, gedemütigt oder sonstwie verletzt wird.

Der Schweizer Arzt und Therapeut Paul Tournier erkannte diese pseudoreligiöse Untertanenmentalität. Auch der Wiener Therapeut Erwin Ringel kritisiert in seinem Buch „Religionsverlust durch religiöse Erziehung" den falsch verstandenen Gehorsam, der im Namen Gottes viele sensible Gemüter in eine unerlöste Existenz hineinprügelt. Wenn Jesus sich aufopfert für den Menschen, geschieht dies aus Gehorsam Gott gegenüber. Es ist keine Unterwerfung unter die Menschen. „Die Widerstandslosigkeit, die Christus der Welt vorschlägt, ist ein Sieg über die eigene Kraft und nicht eine Feigheit. Es besteht ein unbestreitbarer Gegensatz zwischen dem starken, der Verteidigung fähigen Menschen, der auf Widerstand verzichtet, um Christus nachzufolgen, und dem, der es nicht wagt, sich zu verteidigen, der Angst hat und aus Schwäche nachgibt.“ (Paul Tournier, „Die Starken und die Schwachen“)

Hinter der Maske der biblisch gemeinten Entsagung verbirgt sich allzu oft ein Mangel an Selbstbejahung und Angst. Wer sich gegen Unrecht, Mobbing, Ausgrenzung und Kränkungen aller Art nicht wehrt, läuft Gefahr, seinen Respekt zu verlieren. Er zahlt einen hohen Preis für diesen Verzicht aus Angst oder falsch verstandener Demut. Jesus wehrte sich sehr wohl; es muss unterschieden werden zwischen Sanftmut und seelischer Schwachheit. Wenn der Glaube das schwache Verhalten rechtfertigt, wirkt er gehemmt und blutleer. Junge Menschen lassen sich nicht von einer solch verängstigten Christlichkeit überzeugen. Da sie aber die faire Streitkultur nicht gelernt haben, andererseits auch nicht alles hinnehmen wollen, kommt es zu unglücklichen, meist aggressiven Auseinandersetzungen, bei denen sie am Ende die Verlierer sind.

Wange hinhalten bedeutet: aus Klugheit schweigen, nicht mit denselben Waffen schlagen. Angst ist kein Motiv der Bibel. Wer nur schluckt, weil ihm die Worte fehlen und er Angst hat vor dem Verlust der Sympathien, häuft die erlittenen Demütigungen auf. Wenn er dann in einer vertrauten Atmosphäre sein Herz ausschüttet, bekommt man all diese Anhäufungen zu hören. Zugleich tritt die Angst auf den Plan, er könnte wegen der heimlichen Buchführung dieser Kränkungen neue Zurechtweisungen erfahren. Gelegentlich ertappt sich ein solcher Mensch bei Rachegefühlen, die er unterdrückt, weil ihm dann ein anderes Gebot dazwischenkommt: Du sollst deine Feinde lieben. So gerät er in eine moralische Verstrickung, aus der er in eigener Kraft nicht mehr rauskommt. Dabei will gerade er dem Willen Gottes gerecht werden, wenn da nur nicht dieses ständige Schuldgefühl wäre, das jede freie Entscheidung sabotiert. Wehrt er sich, kommt er sich vielleicht lieblos und hart vor; wehrt er sich nicht, fühlt er sich möglicherweise als Feigling. Nur der Moralist hält sich für gerecht, wenn er die Wange hinhält; denn schließlich ist er nicht Täter, sondern Opfer. Und diese Gewissheit nährt seine Meinung, auf Gottes Seite zu stehen. Wer bei solchen Typen nicht ausflippt, hat von der Botschaft Jesu wenig begriffen.

Bei Streitsüchtigen oder sektiererischen Menschen sollten wir schweigen. Die Klugheit gebietet uns das, nicht die Angst. Denn Streitsüchtige verdrehen die Worte, provozieren den Streit um des Streitens willen, und Sektierer bewerfen einen mit Bibelzitaten. Auch bei Menschen, die nicht zugänglich sind für Argumente oder keine Einsicht in eigene Fehler haben, ist ein sachliches Gespräch wenig ergiebig. Hier kann man einen Brief nachschieben oder ein Gespräch zu dritt führen, also mit Zeugen, oder warten, bis „die Stunde gekommen ist" für ein klärendes Gespräch. Oder man kann gar nichts machen außer beten und muss die Ohnmacht aushalten.

Manchmal erleben wir zutiefst gekränkte Personen, die ihre legitimen Abwehrreflexe verdrängt haben, einfach aus Angst, für böse gehalten zu werden. Wenn sie auf Verlangen des Therapeuten ihre Kritik an den Tätern benennen sollen, folgt ein Feuerwerk aller aufgesparten Kränkungen, das manchmal mit einem Selbstvorwurf endet: „Ich fühle mich jetzt nicht gut, weil ich so viel Negatives über meinen Vater erzählt habe. Er war ja nicht nur schlecht."

Streiten dürfen, sich wehren dürfen, sein Recht einfordern, das alles muss gelernt werden. Es darf nicht in einseitiger Schriftauslegung als Sünde definiert werden. Begriffe wie Opfer, Sühne, Gehorsam, Verzicht … wurden überdehnt, inflationär benutzt. Sie haben die Frohe Botschaft überlagert und zu einer lebensfremden Pädagogik gemacht. Wie viel Schuldgefühle, Krankheiten und verborgene Selbstzerfleischung gehen auf Kosten eines liebenden Gottesbildes, zu Lasten eines erlösten Lebens und zu Ungunsten des christlichen Menschenbildes. Das hat Gott nicht gewollt.

Die biblische Widerstandslosigkeit hat nichts zu tun mit dem Komplex einer sich selbst schädigenden Aufopferung. So etwas führt zu Depressionen, zu Hass und Zwangsvorstellungen. Dabei kommt es einmal zu jähzornigen Wutausbrüchen, ein andermal zur Resignation. Es kommt vor, dass jemand seine aggressiven Impulse, die er gegen seine Erzieher hegt, mit immer stärkeren Mitteln unterdrückt, aus Angst, ihrer nicht Herr zu werden oder sie auf andere Menschen zu übertragen. Werden solche Menschen aufgefordert, mit lauter Stimme zu sagen, was sie fühlen, brechen sie in Tränen aus oder verstummen vollends. Spätestens jetzt erkennen sie, dass das Hinhalten ihrer Wange nichts mit dem Gebot Jesu zu tun hatte; es war ein von Menschen aufgezwungenes, angstbesetztes Verbieten elementarer Lebensgefühle.

Am Ende steht dann der Tod aller Empfindungen, die Gleichgültigkeit, die Frigidität, die Leere. „Ich fühle nichts mehr, bin so leer“, sagen manche Frauen. Etliche geraten dann in Versuchung, durch sexuelle Eskapaden, durch Kaufzwänge oder andere suchtähnliche Verhaltensformen den Rest ihrer Lebensimpulse aufleben zu lassen. So geraten sie in neuerliche Schuldgefühle, denen sie kaum entrinnen können. Der Kreislauf von verdrängter Wut, Angst vor Liebesverlust, Enttäuschung nach Liebesverlust und neuerlicher Wut schließt sich. Für diese Menschen kam Jesus auf die Welt, nicht als Richter, sondern als Therapeut. (Das griechische Wort „therapeuein“ bedeutet: „heilen“, „helfen“, „nahe sein“, „dienen“, „anbeten“.)

Paulus verteidigte seinen Ruf als römischer Bürger und ging mit seiner Beschwerde bis zum Kaiser. Man muss zwischen dem Gehorsam Gott gegenüber und der Unterwerfung Menschen gegenüber unterscheiden. Widerstandslosigkeit um des Glaubens willen mag angebracht sein; auch im Fall körperlicher, nicht lebensbedrohlicher Angriffe mag sie von juristischem Vorteil sein. Doch es gibt Situationen, die ein passives Hinnehmen nicht mehr sinnvoll machen, z.B. wenn ein Vater im Angesicht seines kleinen Sohnes sich wehrlos verprügeln lässt, wenn falsche Anschuldigungen den Ruf schädigen, wenn ein Unrecht eine ganze Familie belastet. Jesus erzählt den Fall einer Frau, die beim Richter penetrant um Hilfe ansuchte und ihr Recht bekam. Daraus folgern wir, dass das Hinhalten der Wange (der Verzicht auf Recht) einen speziellen, wohldosierten Platz im Leben eines Menschen hat und keineswegs eine tägliche Forderung darstellt. In der Regel ist Jesus daran gelegen, dass wir eine faire Streitkultur praktizieren, uns also dem Konflikt stellen.

Konflikte klären

Wie viele frustrierte Seelen sind nicht imstande, ihren Ärger zu benennen, ihre Bedürfnisse klar zu formulieren und einen Konflikt auf faire Art anzugehen. Stattdessen schlucken sie alles herunter, leiden unter psychosomatischen Erkrankungen und wenden „um des lieben Friedens willen", der keiner ist, ihre berechtigte Wut gegen sich selbst. Einige verschieben ihre Wut auf andere Personen, die im Auftreten oder Aussehen den Tätern ähneln. Immer noch meinen zu viele Menschen – es sind vor allem Ältere –, man dürfe nicht streiten.

Es gibt keine Aussage der Bibel, die notwendige Konfliktklärungen verbietet. Wer aber unter Verlustangst leidet oder harmoniesüchtig ist, kann nicht streiten. Außerdem will der Abhängige nicht den angreifen, von dem er abhängig ist. So weichen manche den Aggressionen aus in einer Ideologie der Friedfertigkeit, die näher betrachtet eine Dulderrolle darstellt.

Wer sich nie wehrt, vermittelt dem anderen das Gefühl der Macht einerseits und der Schuld andererseits, indem er sich als der unschuldig Leidende sieht. So erschrickt der Angepasste, sobald er erfährt, welche aggressiven Wünsche in ihm verborgen sind, die es zu unterdrücken gilt.

„Christen streiten nicht", sagte unsere Kindergartenschwester. Als ob Gott je verlangt hätte, Verletzungen, Missverständnisse, falsche Behauptungen und erlittenes Unrecht passiv hinzunehmen. Jesus schlägt in solchen Fällen vor, zuerst einmal unter vier Augen das Problem zu besprechen; wenn es nichts nützt, dann mit einem Zeugen; im weiteren Verlauf vor einer Gruppe. Und wenn der Betreffende nicht will, sich sozusagen selber aus dem Gespräch ausgrenzt, dann ist er zu behandeln wie ein „Zöllner": mit Liebe (siehe Mt 18).

Eine Frau leidet seit Jahren unter der Dominanz ihres Mannes. Sie traut sich aus Angst vor familiärem Unfrieden nicht, ihn in die Grenzen zu weisen. Lieber nimmt sie die Tyrannei hin, als das Risiko einzugehen, den unberechenbaren Mann zu reizen. Übrigens war schon ihr Vater ein Tyrann, der die Mutter beherrschte. Beide sind regelmäßige Kirchgänger, wie sich das in einer Dorfgemeinde gehört. Nach außen hin heile Welt, nach innen Frust mit allen dazugehörenden Begleiterscheinungen: sexuelle Hingabe wider Willen, Lebensunlust und ständig wechselnde Krankheiten.

Auf diesen Zustand angesprochen, meinte sie, dass alles nicht so schlimm sei und es sich nicht lohne, wegen Kleinigkeiten einen Aufstand zu machen. So kompensiert sie den Mangel an Durchsetzungsvermögen und Konfliktstärke mit dem Gefühl moralischer Überlegenheit. Sie merkt nicht, dass genau dies eine versteckte Form der Aggression ist. In ihrer frommen Dulderrolle, garniert mit unzähligen Gebetsleistungen und Gottesdienstbesuchen, fühlt sie sich vor Gott rechtschaffen.

Wer nie einen Konflikt klären durfte, wer als Kind immer nur schweigen und hinnehmen musste, konnte nie eine konfliktstarke Persönlichkeit entwickeln. Dazu gehört der Mut, sich den Problemen zu stellen, sich mit den betreffenden Personen zu konfrontieren und auf möglichst sachlicher Ebene das Kind beim Namen zu nennen.

„Kann ich dich mal kurz sprechen? Ich bin sehr verletzt. Du hast gestern Abend etwas gesagt, was nicht stimmt. Bitte lass uns das klären. Es tut mir weh."

„Du kommst sehr spät. Wir haben zehn Uhr ausgemacht. Es ist jetzt fast zwölf. Ich habe mir Sorgen gemacht. Du hättest doch anrufen können …" Solche Aussagen sind korrekt. Die wenigsten können es. Sie verschlüsseln ihren Ärger, indem sie Türen laut zuschlagen, ironisch werden, in ihre Migräne flüchten, an der „du nicht ganz unschuldig bist", oder sie strafen durch Liebesentzug, häufige Abwesenheit und Schuldzuweisungen. Die Palette der konfliktverstärkenden Verhaltensweisen ist groß; das Waffenarsenal reichhaltig. Am Anfang war das Wort, am Ende verschlägt es einem die Sprache.

Die wahre Größe eines Menschen zeigt sich unter anderem an seiner Fähigkeit, auf den anderen einzugehen, dessen Probleme ernst zu nehmen und eine faire Lösungsstrategie zu suchen. Hierin erweisen sich die meisten Menschen leider als embryonale Krüppel.

Dabei zeigt uns das Verhalten Jesu, dass Wahrheit erkämpft werden muss. Er kam, das Schwert zu bringen, nicht den Frieden. Frieden kann trügerisch sein, geheuchelt. Und da die Gerechtigkeit die Bedingung des Friedens ist, müssen wir erst einmal um dieses Recht kämpfen. Der Preis dafür kann sein: Sympathieverlust, Zerreißen der Familienbande, Ausgrenzung usw. Und da nur die wenigsten diesen Preis zu zahlen bereit sind, verhalten sie sich friedlich, ohne Frieden zu haben. Die Hölle besteht darin, dass alles so weitergeht wie bisher und keiner bereit ist, das zu ändern.

Wenn unser Therapeutenteam einen zwischenmenschlichen Konflikt hat, bitten wir einen Supervisor um Hilfe bei der Klärung. Im Alleingang geht es nicht immer; da ist es gut, eine unbefangene Person zum Moderator zu machen.

Ich empfehle, anstehende Klärungen möglichst bald anzugehen und zwar außer Haus. Das kann bei einem Spaziergang sein oder in einem ruhigen Restaurant. Und dabei ist Zuhören das Wichtigste. Vor allem dürfen wir nicht den Fehler machen, den anderen mit Kritik zu überhäufen, zu viele Details in die Anklage zu packen oder Verfehlungen pauschal anzuprangern.

Die Aggressionen unter Jugendlichen haben zugenommen. Einer der Gründe dafür ist das Fehlen von konfliktfähigen Vaterfiguren. Jedes Kind braucht ein sachgerechtes, begründetes Paroli, das ihm Grenzen aufzeigt, vorgelebt von den Erwachsenen. Doch es erfährt eher ein chaotisches Herumschreien und Verbieten, ein Reden in Ausrufezeichen oder ein Unter-den-Teppich-Kehren und narzisstisch gekränkte Eltern, die entweder alles abblocken oder alles zulassen. Wahre Autorität ist nicht autoritär; sie kann zuhören, Gefühle ausdrücken, lieben und dennoch Grenzen aufzeigen.

Beim unfairen Streiten wollen alle recht behalten, Macht ausüben, ihr Image nicht demaskieren lassen. Solche Typen definieren ihr schwaches Ichgefühl über den Gewinn im Streitfall. Kommt Fairness ins Spiel, bleiben die Parteien sachbezogener und sind für Entschuldigungen offener. Wer seine Liebenswürdigkeit nicht abhängig macht von Erfolgen oder Rechthabereien, kann besser streiten, weil er dem Ausgang der Dinge angstfreier entgegensehen kann.

Heute werden teure Seminare angeboten, in denen man Konfliktlösungsstrategien erlernt. Da wird (fast zu spät) nachgeholt, was man eigentlich im Elternhaus hätte lernen müssen. Wo aber vorwiegend Ausrufezeichen und Verbote ein pädagogisches Mittel sind, kann Menschwerdung nicht gelingen.

Seinen Schatten küssen

Der Begriff „Schatten“ kommt von C.G. Jung. Er meint damit das Unvollkommene im Menschen, das Sündhafte und Verabscheuungswürdige. Wir sind aufgrund unserer religiösen Erziehung geneigt, diesen Teil abzuspalten und ins Unbewusste zu verdrängen. Das hat zur Folge, dass wir die Fehler bei anderen sehen und sie dort bekämpfen. Gleichzeitig werden wir geplagt von dem, was wir wegschieben oder wegbeten wollen. Es steigen dunkle Bilder auf; sexuelle oder gewalttätige Fantasien erschrecken uns. Je frommer einer ist, desto schlimmer sind diese Bilder. Unzählige Zwangsneurotiker und Skrupulanten berichten darüber und füllen die Beichtstühle und Arztpraxen, ohne wirkliche Heilung zu erlangen, solange sie diese Schatten nicht anschauen und – küssen.

Die Aussage Jesu in der viel zitierten Bergpredigt: „Wer eine Frau schon lüstern anschaut, bricht die Ehe“, macht vielen Angst. Doch wer daher auf keinen Fall an so etwas denken will, tut es gerade. Nehmen Sie sich jetzt einmal vor, auf keinen Fall an einen weißen Elefanten zu denken. Nur fünf Minuten lang. Das Paradoxe ist, dass Sie von dem Elefanten nicht mehr loskommen.

Jesus meinte, dass alle Sünden ihren Anfang in den Gedanken haben. Nun sind Gedanken frei. Und wenn sie kommen, kann ich sagen: „Grüß Gott, liebe Fantasien, nett, dass ihr da seid. Ihr seid ein Teil von mir, aber ihr könnt wieder gehen. Adieu."

Ein Schüler quälte sich mit sexuellen Gedanken, nachdem der Lehrer eine neue Schülerin neben ihn gesetzt hatte. Dieses Mädchen kokettierte mit seinen Reizen, trug Minirock und brachte den Armen in arge Gewissensnot. Eines Morgens war der Bub blind. Die Blindheit hörte erst gegen Mittag auf, also nach Unterrichtsschluss. Das ging etliche Tage so. Man war der Auffassung, dass er die Blindheit simuliere, um unterrichtsfrei zu bekommen. Dem war aber nicht so. Der seelische Konflikt verwandelte sich in einen organischen Defekt. Diese Konversionsneurose erfüllte lediglich den unbewussten Wunsch, das Mädchen nicht mehr anschauen zu müssen, um so der Gewissensnot zu entgehen. Erst als ich ihm diesen Zusammenhang erklärte und ihn aufforderte, ganz bewusst dic Mitschülerin zu mustern und den aufkommenden Gedanken als normale Begleiterscheinung zu akzeptieren – ohne moralische Verurteilung –, verschwand die hysterische Erblindung. Es mag keineswegs überraschen, dass der Junge aus einem sehr religiösen, aber puritanischen Elternhaus stammt.

Ein Christ sollte sich nicht schlecht machen; das besorgen die Nachbarn schon. Dieser Satz, der zu meinen Standardprovokationen gehört, erzeugt regelmäßig lautes Gelächter. Nun erlebe ich ständig in unserer stationären Therapie, dass die Menschen meinen, sie seien wenig wert, weil sie dic moralische Kurve nicht kriegen oder zu oft gehört haben, wie dumm, unfähig, sündhaft und lieblos sie seien. Demzufolge verdrängen die einen ihren Schatten, und die anderen kokettieren geradezu mit ihm. Wer immer zu verstehen gibt, wie unfähig und blöd er ist, will einmal hören, dass er auch gute Seiten hat. Wen wundert es, wenn dann nach dem Hören der positiven Feedbacks die Betreffenden weinen. So was sind sie nicht gewohnt. Sie können es einfach nicht glauben.

Ohne Licht gibt es keinen Schatten. Und die Mitte finden wir erst, wenn wir uns zwischen Licht und Schatten stellen. Wenn wir es nicht tun, bleiben wir in dem Irrtum, dass die „Unmoralischen“ all jene bösen Eigenschaften haben, die wir bei uns selbst nicht für möglich halten, oder dass wir unsere Unvollkommenheiten für unverzeihlich halten und Gottes Gnade nicht annehmen können.

Wer das Licht vor sich sieht, also Gott vor Augen hat, hat den Schatten hinter sich. Er muss weder verzweifeln noch akrobatische Gebetskünste vollbringen, um Gott gnädig zu stimmen. Jeder Sünder hat eine Zukunft, jeder Heilige eine Vergangenheit.

Da suchen die Menschen Petrus’ Schatten (Apg 5,15), um geheilt zu werden. Vielleicht lässt sich dieses Bild so deuten: Selbst das Dunkle birgt Helles, so wie die Krankheit Heilendes verbirgt. Die Einbeziehung des Schattens ist dann nicht mehr bedrohlich, sondern befreiend.

Wo immer Menschen ihre Unvollkommenheit und Schwachheit kennen, finde ich mehr Güte als bei jenen, die sich davon frei wähnen. Tatsächlich kann man Menschen besser verstehen und lieben, wenn man in die eigene Mördergrube hinabsteigt. Ohne Kenntnis des eigenen Schattens, also auch meiner Verführbarkeiten und potenziellen Laster, gibt es keine Selbsterkenntnis. Wer also Jesu Gebot, den Nächsten zu lieben wie sich selbst, nachkommen will, muss den Weg der Selbsterkenntnis beschreiten, einen schmerzlichen Weg. Insofern ist der Weg zum Himmel schmal und beschwerlich, nicht im Sinn frommer Leistungen, die zu erbringen wären, um das Himmelreich zu „verdienen“. Es wird uns geschenkt.

Seine Würde verteidigen

Kaum einer, der sich Christ nennt, vermag die Empfehlungen Jesu vom Wangehinhalten, vom Kreuztragen und von der Selbsterniedrigung richtig zu deuten. Es geht meistens schief. Viele verstehen darunter eine Art von wehrloser Auslieferung, von fatalistischer Opfergesinnung, von Verstecken seiner Gaben und Fähigkeiten. So leben diese Menschen nicht, sie existieren nur – und machen das Christsein unattraktiv, peinlich.

Sich selbst verleugnen bedeutet nicht, sich zu zwingen, eine untergeordnete Rolle zu spielen, eigene Überzeugungen zu unterdrücken. Es meint ein Zurückstellen seiner Person zugunsten Schwächerer und ein Hervorheben von Gottes Willen.

Bei vielen Ehepaaren stellt sich der eine in vermeintlich christlicher Entsagung zurück und gibt dem anderen Raum für eine Selbstentfaltung, die in Herrschsucht enden kann. Auch erniedrigen die Erwachsenen ihre Kinder, um sich selbst größer zu machen; und sie schlagen die Schwachen oder bescheinigen ihnen alle Arten von Unfähigkeit. Dann passiert es, dass so ein Kind sich nimmt, was ihm nicht zusteht, weil die Erwachsenen ihm nicht gewähren, worauf es Anrecht hat.

Ein solches Kind kann keine Würde entwickeln, kein gesundes Selbstwertgefühl. Es wird zu einem depressiven Jasager oder zu einem aggressiven Neinsager; die Mitte fehlt.

Ich bin entsetzt darüber, wie viele meiner Patienten von Demütigungen durch ihre Eltern berichten. Da bricht das bisschen Würde völlig weg. Später sind solche Menschen vorzugsweise Mobbingopfer, weil sie nicht gelernt haben, sich zu wehren, entschlossen aufzutreten oder Selbstbewusstsein auszustrahlen.

Wir haben schon gehört, dass sich Paulus beim römischen Kaiser beklagte über die Art und Weise, wie man ihn als römischen Bürger behandelte. Er war stolz, Bürger Roms zu sein. Sind wir stolz auf unsere Nationalität, auf unser Christsein? Da schlägt mir eher eine gewisse Verschämtheit entgegen nach dem Motto: „Entschuldigen Sie bitte, dass ich Deutscher bin“, oder: „Sorry, dass ich als Priester erkennbar bin, ich hatte noch keine Zeit, mein Ordensgewand, mein Kollarhemd auszuziehen.“ Mir kommen die Tränen.

Uns fehlt eine wichtige Tugend, die Gott für sich stets einfordert: Respekt. Ich meine auch den Respekt vor sich selbst. Stattdessen zerstören wir diese Achtung, auch Ehrfurcht genannt, indem wir uns in den Medien ziemlich dumm wiederfinden: verleumdet, entblößt, beleidigt, fatal karikiert.

Als einer meiner Lehrer mir vor der gesamten Schulklasse ein „Mangelhaft“ präsentierte, fragte er in demütigender Weise: „Müller, haben Sie in der Wüste des Nichtwissens noch eine Oase des Wissens?“ Ich stand auf und entgegnete mit dem ganzen Mut eines wütenden Oberschülers: „Müller hat Oasen des Wissens. Nur Kamele finden sie nicht.“ Seitdem hatten alle Respekt vor mir. Ich auch.

Wir sind alle als Originale geboren und sterben fast alle als Kopien, weil wir Angst haben, wir selbst zu sein. Klar, wenn einem hundertmal gesagt wird: „Du kannst nichts, du bist nichts, was denken die Leute.“ So verkümmert der Mut zum Leben. Irgendwann vermag dann die explodierende Wut über diesen Zustand das Leben wiederzuerwecken. Denn was lange gärt, wird endlich Wut. Und Wut tut gut, da sie Kräfte freisetzt.

Schwache Menschen, so schreibt Paul Tournier, machen sich Vorwürfe, weil sie sich vor den Starken beugen, auch wenn diese im Unrecht sind. Ja, sie verleugnen sogar ihre Fähigkeiten, wenn man sie aufzählt, weil sie Angst haben, ausgelacht zu werden. Die Lebensenergie wird völlig aufgebraucht zur Verdeckung ihrer potenziellen Kraft. Solche gebremsten Menschen sind auffallend häufig unter frommen Kirchgängern zu finden. Es ist zu vermuten, dass sie ihre mangelnde Lebensvitalität durch geistliche Leistungen kompensieren. Ein Stück weit hilft ihnen das tatsächlich über Depressionen hinweg. Nur ist es kein glückliches Zeugnis für die Kraft des Christentums.

Eine junge Frau steht in einem symbiotischen Verhältnis zu einem älteren Mann; sie wird von ihm finanziell versorgt, während sie ihn sexuell versorgt. Als ihr nach einem heftigen Streit bewusst wurde, wie wenig Selbstachtung sie hatte (und wie gering sie den Mann achtete), kam sie zu uns in Therapie. Ihr wurde klar, dass sie sich nie abgrenzen konnte aus Angst vor Liebesverlust beziehungsweise vor dem, was sie unter Liebe verstand. Ihr Vater hatte sie als Kind sexuell missbraucht. Jetzt erkannte sie im Partner ihren Vater wieder. Sie brach in Tränen aus, nachdem ihr bewusst geworden war, wie ihre Würde als Frau getreten wurde. Erstaunlich, wie lange sie brauchte, das zu erkennen und auch auszudrücken. Sie entschloss sich zur Trennung und zu einer weiteren Therapie.

Jesus bewahrte stets seine Haltung, auch im Fall der sogenannten Tempelreinigung, wo er die Tische umstieß und die Händler rausschmiss. Das war nicht unwürdig, sondern ein Akt der Entrüstung über die mangelnde Würde im Tempel. Es gibt durchaus Momente, die lautstarke Emotionen rechtfertigen. Jesus war kein Wellnessprophet.

Die Würde des Priesters beruht auf seiner Weihe. Und Gott wirkt durch diesen Priester selbst dann, wenn er im betrunkenen Zustand oder nach einem begangenen Mord die Sakramente spendet. Er selbst wird schuldig, aber die Gültigkeit des sakramentalen Tuns bleibt davon unangetastet. Die Gnade Gottes lässt sich durch die Sünden des Priesters nicht stoppen. Ein ungeheures Zugeständnis Gottes. Und das in einer Zeit, in der nur Leute mit weißer Weste höhere Posten kriegen.

Es gibt so etwas wie eine Würde zum Leid. Wegen ihres Glaubens wurden die Apostel gegeißelt und sie „gingen voll Freude weg, weil sie würdig befunden waren, für den Namen Jesu Schmach zu leiden" (Apg 5,41). Wann ist es angesagt, sich mit juristischen Mitteln oder im verbalen Schlagabtausch Respekt zu verschaffen, und wann ist die passive Hinnahme, also das Hinhalten der Wange ein Ausdruck der Würde? Das ist im Einzelfall immer neu abzuwägen. Hierbei wirken Intuition, Klugheit, Sachverhalt und Einschätzung der Konsequenzen ineinander. Allerdings: Wer sich seiner Stärke bewusst ist, hat es nicht nötig, diese Stärke immer zu demonstrieren. Da liegt schon in der Ruhe seine Würde.

Zwischen der aggressiv aufgeheizten Empörungswelle islamistischer Moralisten gegen Karikaturen ihres Propheten Mohammed und der passiven Ergebenheit der an Beleidigungen gewöhnten Christen liegen Welten. Beide Formen erscheinen mir extrem. Wenn die Medienmacher eine gesündere Sensibilität sowie genügend Selbstachtung hätten, käme es erst gar nicht zu solchen Formen. Wer mit sich selbst nicht fertig wird, macht gern andere fertig.

Selbstachtung ist das Geheimnis seelischer Gesundheit. Bedingungslose Liebe der Eltern ist Voraussetzung dafür, dass ein Kind Selbstachtung entwickeln kann und sich seiner Würde bewusst wird. Mitunter entwickeln Menschen einen Perfektionismus, der ihnen das Gefühl von Wert geben soll. Andere sind nicht imstande, Lob anzunehmen; Zeichen für geringe Selbstachtung. Wenn Lehrer ihre Schüler, Eltern ihre Kinder und Chefs ihre Angestellten mehr ermutigen und anerkennen, nicht so viel tadeln würden, empfänden alle am Abend des Tages und am Abend des Lebens mehr Würde. Aber unsere Fixierung auf negative Kritik – im Geben gleichermaßen wie im Annehmen – und unser Hang zum Vergleichen mit anderen erlauben uns nur dann wertvoll zu sein, wenn wir Menschen um uns haben, die wir niedriger einstufen, oder wenn wir Prominente um uns haben, von deren Glanz wir profitieren können.

Würde empfinden und würdig leben lässt sich nur bei gleichzeitiger Achtsamkeit. Wer bewusst lebt, Rückmeldungen aus der Umwelt einbezieht, also auch Kritik ernst nimmt und seine Fehler sieht, zeigt Würde und Stil. Dann gelingt auch das, was wir Selbstbehauptung nennen und von manchen als eine Form des Egoismus missverstanden wird: die Bereitschaft, offen für eigene Interessen einzustehen, eigene Meinungen zu vertreten, ohne unterwürfige Masken zu tragen und sich abzugrenzen. Letztes meint: Beleidigungen nicht an sich heranlassen, sich von den Sorgen anderer nicht erdrücken lassen, sich nicht verantwortlich fühlen für Entscheidungen anderer.

Ich kenne engagierte Christen, die sich total aufopfern für die Belange ihrer Mitmenschen und dabei gesundheitlich fast draufgehen. Sie sind der Auffassung, dass dies von Gott verlangt werde. Wenn dann die anderen nicht so verfahren, wie sie es ihnen ans Herz gelegt haben, rutscht ihnen die Bemerkung raus: „Was habe ich alles für dich getan, du bist undankbar!" Sie definieren ihr Selbstwertgefühl über das soziale oder religiöse Engagement und überfahren bisweilen – ohne es zu wissen und zu wollen – die Würde des anderen, die in der freien Selbstentfaltung besteht. Die so entstehende Abhängigkeit nährt beim Opfer die Hilflosigkeit und beim Retter die Wichtigkeit. Aber auch das Opfer hat die Würde, sich jetzt abzusetzen und eigene Wege zu gehen, selbst wenn sie in die Irre führen.

Aus Liebe Schmerz zumuten

Wer liebt, will nicht wehtun. Und da Gott offenkundig Leid und Schmerz nicht verhindert, stellt sich die Frage, ob er uns denn liebt. Doch er schweigt, was uns zusätzlich ärgert. An diesem Gott scheitern viele.

„Meine Eltern haben mir alles durchgehen lassen. Aus Liebe, sagten sie. Mir wären begründete Verbote manchmal lieber gewesen. Jetzt habe ich Schwierigkeiten im Umgang mit dem Widerstand meiner Mitmenschen. Ich habe es nicht gelernt, mit Konflikten umzugehen."

„Eine 'Gardinenpredigt' am rechten Platz zur rechten Zeit wäre besser gewesen. Aber mir wurden die Probleme abgenommen. Zunächst fand ich das auch toll, aber dann merkte ich, wie mir das Leben Probleme bereitete. Auf einmal wurde mir klar, dass ich konfliktscheu und harmoniesüchtig war."

„Ich kann meiner Frau einfach nicht wehtun. Sicher, ihre finanziellen Eskapaden ärgern mich. Aber andererseits liebe ich sie zu sehr, als dass ich einen Streit vom Zaun ziehen will. Ich denke, wahre Liebe muss das können."

Solche Aussagen bekommen wir gelegentlich zu hören. Es fällt auf, dass die Liebe hierbei falsch verstanden wird. Wo immer Verwöhnung, Konfliktvermeidung oder Angst vor Sympathieverlust dahinter stecken, wird sie karikiert. Reife Liebe drückt sich nicht vor notwendigen Auseinandersetzungen, vor Wunschverweigerung und Meinungsverschiedenheiten. Auf das Motiv kommt es an. Bei Gott weiß ich, dass er Leid zulässt aus Liebe, nicht aus Rache, auch nicht als Bestrafung oder aus Gleichgültigkeit. Es bleibt die Frage, wie Liebe geartet ist, die dem anderen irgendein Leid vorenthalten will, auch wenn es notwendigerweise zum Leben gehört.

Ich kann Kritik an einem Menschen üben, um ihn schlecht zu machen oder um ihn besser zu machen. Wenn er um meine Zuneigung weiß, wird er diese Kritik hoffentlich annehmen, andernfalls ablehnen. Wie einer damit umgeht, hängt auch mit seiner Kindheitserfahrung zusammen. Wir alle wissen, dass wir

Abwehrkräfte entwickeln, sobald Bakterien und Viren in uns eindringen. Es entsteht Fieber und der Organismus kämpft – meist erfolgreich – gegen die Fremdkörper an. Wer allzu hygienisch und steril aufwächst, bekommt Probleme mit seiner Abwehr. Ein Bäumchen wird seine Wurzeln von Sturm zu Sturm tiefer graben, um stabil zu werden und den Stürmen zu trotzen. So brauchen auch wir Stürme, Bakterien und Widerstände, um zu wachsen. Manchmal will uns eine Krise oder eine Krankheit sagen, dass wir Lebens- oder Denkgewohnheiten ändern müssen. Das ist schmerzlich, aber hilfreich. Wahre Liebe will den anderen zur Selbstständigkeit, Konfliktfähigkeit und Lebenstüchtigkeit hinführen. Ohne Leiderfahrung geht es nicht. Leid entsteht auch durch das Verliebtsein in Vergängliches.

Fast täglich rufen mich besorgte Ehefrauen oder Mütter an und klagen ihre Not über den Mann oder das Kind, das in einer Krise steckt, aber zur Therapie nicht bereit ist. Das macht die Helfer hilflos und zugleich wütend. Ich weise dann darauf hin, dass wohl der Leidensdruck noch nicht mächtig genug ist, um Hilfe in Anspruch zu nehmen. Natürlich können auch andere Gründe dahinter stecken, beispielsweise die Angst vor Veränderung, das Gefühl von Hoffnungslosigkeit oder die Absicht, mit der Verweigerung das Familienmitglied zu bestrafen.

Gott lässt uns oft genug „zappeln“; er will unsere Einsicht und Bereitschaft zur Veränderung. Manchmal mutet er uns viel zu. Möglicherweise will er uns noch mehr an sich binden, aber so genau wissen wir das nicht. Das macht uns nicht selten trotzig und aufmüpfig.

Liebende vermögen sogar sich selber aufzuopfern für die geliebte Person. Nur Liebesfähige sind auch leidensfähig. Wesentlich an der reifen Liebe ist immer das Guthaben des Gutseins. Es handelt sich nicht um masochistische Schmerzzufügung; das wäre Leid um eigenen Lustgewinns willen. Aufopfernde Liebe will das Beste für den anderen. Was aber ist das Beste? Wir müssen uns eingestehen, dass wir uns oft irren und subtiles Eigeninteresse in die Nächstenliebe investieren gemäß dem Gedanken: „Ich will, dass es dir gut geht, damit es mir nicht schlecht geht.“

Wenn ich eine Bitte abschlage, kann das für beide Seiten schmerzlich sein. Reife Liebe hält das aus; sie ist weitsichtig und leidensfähig.

Jesus hat nie erwähnt, dass das Leid eine Strafe sei. „Sündige nicht mehr, sonst widerfährt dir Schlimmeres" bedeutet: Wer seine Hand ins Feuer legt, verbrennt sie. Pass also auf! So steckt in jeder Krise auch etwas Heilsames.

Ich kann anderen ein „Nein" zumuten aus Liebe zu mir selbst. Diese Variante gefällt manchen Christen nicht, weil sie dahinter fragwürdige Selbstliebe wittern im Sinn egoistischer Denkweise. Aber es gibt auch das Gebot der Selbstliebe. Es meint Selbstannahme, gut sein zu sich selbst, sich nicht verbiegen lassen, seine Bedürfnisse und Empfindungen nicht gleich als schlecht erachten. Wo Liebe zur Abhängigkeit wird, ist ein Nein nicht mehr möglich, könnte vom anderen als Beweis der Lieblosigkeit verstanden werden. So schnappt die Falle zu.

„Du bist schuld, wenn es mir schlecht geht" ist ein erpresserischer Satz, der nichts anderes zum Ziel hat, als eigene Wünsche durchzuboxen und dem anderen schlechte Gefühle zu machen. In Wahrheit geht es einem schlecht, weil man nie gelernt hat, mit dem Nein zurechtzukommen.

Müsste Gott nicht das Leben der Frommen schützen und sie beispielsweise vor Verfolgung retten? Wie kommt es, dass gerade die besonders Treuen hingeschlachtet werden? Hier reicht die beste Antwort nicht, um von uns akzeptiert zu werden. Das kann nur ein Mystiker verstehen. Und Karl Rahner weist darauf hin, dass die künftigen Christen Mystiker sein müssen …

Wenn Jesus zu Don Camillo sagt, er mute denen besonders viel zu, die er liebt, dann kann jeder verstehen, wenn Camillo darauf antwortet: „Dann liebe mich etwas weniger!" *

Wie immer wir es halten, werden wir dem Gebot der Liebe stets hinterherlaufen, weil wir nicht leiden können. Wenn wir uns an einem Gegenstand stoßen, verwandeln wir den Schmerz in Wut auf diesen Gegenstand, um unser Gleichgewicht wiederherzustellen. Auch übertragen wir unseren Frust auf Gott oder auf jene Person, die ihn auslöste, und erzeugen so Sündenböcke zu unserer eigenen Entlastung.

* *Vgl. »Don Camillo spricht mit Jesus« (Seite 6)*

Die Tugend der Epikie üben

Epikie bedeutet Nachsicht, Milde. Aristoteles erwähnt sie zuerst und meint, dass sie eine Korrektur des Gesetzes dort ist, wo dasselbe wegen seiner allgemeinen Fassung mangelhaft bleibt. Nur wer angstfrei ist und (Gott-)Vertrauen besitzt, ist zur Epikie fähig.

Fanatiker, Sektierer und Moralisten haben große Angst vor der freien Entscheidung; denn Freiheit beinhaltet auch die Möglichkeit zur falschen Entscheidung. Und manchmal gibt es Zweifel bezüglich der Richtigkeit des Tuns. Gilt das Wort Jesu vom Hinhalten der Wange oder gilt seine Empfehlung, den anderen zur Rede zu stellen? Darf ich niemals lügen oder gibt es Ausnahmen? Wer sagt mir, was ich wann zu tun habe?

Zwischen der Einhaltung der Gesetze, ihrer situativen Auslegung und ihrer verantwortlichen Übertretung sind Grauzonen. Oftmals muss der Mensch blitzschnell entscheiden, ohne irgendjemand fragen zu können. In vielen Momenten der Abwägung sind wir allein und handeln durchaus richtig, selbst wenn andere es für falsch halten können. Da ist das eigene Gewissen gefragt und hat vor Gott auch dann Gültigkeit, wenn es irren sollte. In meinem Buch „Gehorsam um jeden Preis?“ habe ich genügend Beispiele gebracht, die von der Tugend der Epikie handeln.

Erschreckend wenig Menschen sind bereit, verantwortliche Entscheidungen zu treffen, aus Angst vor den Konsequenzen. Lieber klammern sie sich fest an Normen, Gesetze, Paragrafen und müssen diese immer weiter entfalten bis zur totalen Entmündigung des Menschen. „Vorschrift ist Vorschrift. Das war so und bleibt so, wo kämen wir denn hin …“ Nur Fundamentalisten lassen den Zweifel nicht gelten. Alles muss vorgeschrieben sein. Auf diese Weise herrschen Ordnung, Überschaubarkeit und Konformität. Der einzelne Mensch geht unter. Handelt er gegen die Normen, darf er nicht mit Nachsicht und Milde rechnen.

Unsere Asylpolitik ist äußerst fragwürdig. Es darf nicht hingenommen werden, dass ausländische Bürger, die längst heimisch geworden sind, aufgrund von Bestimmungen des Landes verwiesen und in ein Land abgeschoben werden, in dem ihnen Verfolgung droht oder in dem sie gar keine Wurzeln mehr haben. Da werden Familien zerrissen und gegen alle Menschenrechte Verwaltungsmaßnahmen durchgepeitscht. Selbst jene, die Kirchenasyl anbieten, machen sich strafbar. Was für eine armselige Rechtsprechung!

Jesus nimmt kein Jota der Gesetze weg. Andererseits tut er Dinge am Sabbat, die verboten waren. Es gilt die Regel: Nicht das Gesetz herrscht über den Menschen, sondern umgekehrt. Jesus will Frieden und ist gegen Waffengewalt, zugleich aber wirft er die Tempelhändler mittels Strick aus dem Vorhof. Es gilt die weitere Regel: Gewalt ist das letzte Mittel. Jesus spricht dauernd vom barmherzigen Vater und meint zugleich, Judas wäre besser nicht geboren … Widersprüche? Nein, nur der Situation angepasste Reaktionen. Dem ungläubigen Thomas erlaubt er die Berührung seiner Seite; hingegen verbietet er sie Maria Magdalena. Im ersten Fall dient die Berührung der Heilung vom Unglauben. Im zweiten Fall will Magdalena an Jesus festhalten; deshalb ist die Berührung nicht hilfreich. Das ist Situationsethik.

Es gibt eine Zeit für Frieden, eine für Krieg, eine für Krankheit, eine für Gesundheit usw. So sagt es das Buch Prediger im dritten Kapitel. Als Motiv für das rechte Handeln zählen Liebe, Klugheit, Demut und berechtigter Zorn. Nicht zählen Abhängigkeit, Angst, Selbstablehnung und unbeherrschter Zorn. Wir sollten also vorsichtig sein mit unseren Urteilen anderen gegenüber. Allein Gott kennt das wahre Motiv und die verborgene Gesinnung.

Als ein Mitbruder in Anwesenheit seiner Mahl haltenden Gäste fastete, machte ihm der heilige Franz von Assisi Vorhaltungen. Er möge mit ihnen essen und trinken, um die Gäste nicht zu beschämen oder gar seine Tugend hervorzukehren. So sei denn der Verzicht auf das Fastenopfer ein größeres Opfer.

Ich höre schon die Einwände der Kritiker: Wo kommen wir denn hin, wenn alle so handeln? Und: Gesetz ist Gesetz. Daran kann man doch nicht nach Belieben herumdeuteln. In Deutschland wird zu viel reglementiert und bürokratisiert. So werden viele gute Initiativen von Bürgern abgewürgt. Es geht nicht um notwendige Vorschriften zum Schutz der Gesellschaft; es geht leider viel zu oft um lächerliche Kinkerlitzchen, um Entmündigung des Bürgers. Wozu zum Teufel wird einer bestraft, dessen Parkscheibe zwei cm kleiner als vorgeschrieben ist? (So geschehen in München.) Wieso wird der Arzt bestraft, der ungebrauchte Medikamente an Arme verschenkt? (Geschehen in Mannheim.) Wieso muss eine Friseurin ins Gefängnis, die den ganzen Erlös ihres Geschäftes, den sie nach zwanzig Uhr einnimmt, an die Krebshilfe gibt? (Geschehen in Suhl.) Andererseits gibt es keine moralischen Bedenken, wenn es um Diätenerhöhungen, Managergehälter, überhöhte Energiekosten und Abschiebung längst eingebürgerter Ausländer geht und um Kostenübernahme für Abtreibungen.

Natürlich ist es einfacher, die Gesetze zu beachten ohne wenn und aber. Das aber wäre falsch, weil der Mensch und der Einzelfall nicht berücksichtigt würde. Um wirklich lieblos und ungerecht zu sein, muss man das Gesetz nicht übertreten; manchmal reicht es, es akribisch zu befolgen. Genau hier tritt Jesus auf den Plan und wirft den geistlichen Bürokraten vor, sie würden die Leute mit ihren Vorschriften erschlagen. Angesichts dieser Fülle von Ge- und Verboten war die Übertretung programmiert. Wer kennt schon alle Gesetze? Doch Unwissenheit schützt nicht vor Strafe, sagt der Staat. Gott hält dagegen: Das Gesetz ist für den Menschen da, nicht umgekehrt.

So ist die Tugend der Epikie eine biblische Weisung, weil sie den Menschen berücksichtigt, nicht das Gesetz. Jeder Lehrer weiß um die Problematik der sogenannten „objektiven“ Benotung seiner Schüler. Ich habe es stets so gehandhabt, dass ich nach Möglichkeit ein „Mangelhaft“ vermied und so lange prüfte, bis wenigstens ein „Ausreichend“ herauskam, es sei denn, der Schüler demonstrierte „null Bock“.

Da die Menschen verschieden sind und die Situationen stets wechseln, ist die sture Anwendung von Gesetzen nicht immer gerecht. Hier kommt die Epikie ins Spiel. Vielleicht erinnern

Sie sich noch an den Mooshammer-Mord in München. Der türkische Täter wurde zu lebenslanger Haft verurteilt. Dieses Urteil hielten selbst viele konservative Bayern für zu hart. Wenn schon ein Mord im Affekt lebenslänglich geahndet wird, wie soll dann die Bestrafung bei geplantem Mord aussehen? Andererseits werden Leute unverständlicherweise milde verurteilt, die Schlimmeres getan haben. Da fragt die Presse zu Recht: Ist unsere Justiz noch im Lot?

Epikie ist eine zutiefst biblische Tugend. Sie hat mit Vertrauen zu tun, und zwar mit bedingungslosem Vertrauen in die eigene verantwortliche Entscheidung, selbst wenn diese fragwürdig erscheint. Gottes Souveränität ist so groß, dass er auch das irrende Gewissen gelten lässt. Und wenn alles schiefgehen sollte, dann tritt die Vergebung auf den Plan, eine spezifisch christliche Kultur.

Zusammenfassung

Streiten ist keine Sünde, vielmehr eine Notwendigkeit, die geübt werden muss. Jesus selber hat sie uns vorgelebt. Die Harmoniesucht, die nichts mit Friedfertigkeit gemeinsam hat, kehrt notwendige Konfliktklärungen unter den Teppich und führt zu maskenhaftem Verhalten. Psychosomatische Störungen sind die Folge. Außerdem erscheint ein Christentum, das nicht den Mut hat, Dinge beim Namen zu nennen und Klarhcit zu schaffen, als wenig attraktiv und nachahmenswert. Nur wer die Dinge benennt, kann sie ändern. Das ist auch die Botschaft im Märchen vom bösen Zwerg, dessen Name niemand kannte und dem man somit ausgeliefert war: „Ach wie gut, dass niemand weiß, dass ich Rumpelstilzchen heiß."

Jeder darf und muss seine Würde als Geschöpf Gottes und originelles Wesen verteidigen; inwieweit er es vorzieht, aus Klugheit zu schweigen und Unrecht hinzunehmen oder sich mit fairen Mitteln zu wehren, bleibt weitgehend seine persönliche Entscheidung. Für sich selbst kann er die Wange hinhalten; er darf es hingegen bei anderen nicht einfordern.

Erst die Annahme seiner eigenen Schatten und Unvollkommenheiten ermöglicht auch eine authentische Nächstenliebe und eine mildere Bewertung der Fehler anderer. Diese Tugend der Epikie, die den Mut hat, den Menschen in seiner Not und Schwäche zu sehen und situationsgerecht zu urteilen, macht gesetzlich denkenden Menschen Angst. Sie misstrauen außerdem der Fähigkeit zur richtigen Entscheidung und stützen ihre Argumente vorschnell mit Bibelzitaten bzw. Paragrafen.

Wahre Streitkultur kann auf der sachlichen Ebene kämpfen, nein sagen, sich abgrenzen und mit Ich-Botschaften eigene Bedürfnisse und Gefühle artikulieren. Kränkungen werden weniger persönlich genommen, eher als Projektionen verstanden, weil nur Verletzte verletzen.

Streitkultur ist Psychohygiene; sie bewahrt uns vor verschlüsselten, krankmachenden Verhaltensweisen. Es gehört Mut zur Wahrheit, weil es immer wieder Menschen gibt, die sich angegriffen fühlen, wenn man sie sagt.

»Wenn ihr den Menschen ihre Verfehlungen vergebt, wird auch euch euer himmlischer Vater vergeben.«

(Matthäus 6,14)

3. Vergebungskultur

Siebenundsiebzigmal vergeben

Es ist ein Missverständnis zu glauben, mit sofortiger Vergebung sei alles heil. Wer zu rasch vergibt und die berechtigten Gefühle von Zorn und Demütigung übergeht, wird nicht frei. Es ist keine Sünde, Zorn, Wut, Rache oder welche negativen Empfindungen auch immer zu haben. Ich muss sie mir anschauen, diese Schatten, und konstruktiv mit ihnen umgehen.

Während die einen vielleicht zu vorschnell ihren Tätern vergeben wollen, bleiben die anderen zu lange an der Bitterkeit hängen und verweigern die Vergebung. Mit dem Gebot, stets den Feinden zu verzeihen und keine Rache zu nehmen, handelte sich Jesus neue Gegner ein. Bisher galt das Recht auf Vergeltung. Jetzt fordert Jesus ein völliges Umdenken, das zutiefst therapeutisch ist; denn wer nicht vergibt, zerstört sich auf Dauer selbst. Rachsüchtige finden keinen Frieden, da Rache eine Kettenreaktion nach sich zieht.

„Wenn meine Eltern mich anders behandelt hätten, wäre meine Entwicklung anders verlaufen. Ich will keinen Kontakt mehr mit ihnen, ich kann ihnen das nicht verzeihen." – „Ich denke nicht daran, dem zu verzeihen. Das könnte mir als Schwäche ausgelegt werden und neuerliche Kränkungen nach sich ziehen." – „Solange ich nicht vergebe, habe ich Macht. So verhindere ich, dass mich die Person ausnutzt …"

Derlei Gedanken sind mir sehr geläufig. Sie sind häufig und menschlich. Dennoch: Ich darf mich nicht zum Richter über andere erheben, weil ich nicht besser bin als sie. Vergeben meint ein Ent-Schuldigen; die Angelegenheit wird abgehakt und nicht mehr vorgeworfen. „Ich schulde dir Wiedergutmachung, die ich nicht adäquat leisten kann. Entlaste mich von dieser Schuld." Sie wird zwar nicht vergessen, aber nicht mehr bewertet und verurteilt. Auf diese Weise werde ich befreit von rachsüchtigen Gedanken und finde Frieden. Es kann dauern, je nach Schwere der Kränkung und je nach dem Grad des Selbstwertgefühls. Humorvolle, ichstarke Menschen haben es leichter.

Wer sich in die Psyche des Täters versetzt, findet rascher den Weg zur Vergebung. Er wird vielleicht erkennen, dass der andere den Hang hat zu verletzen, um sich selber zu erhöhen. Oder er erkennt dessen maskierte Wunde, die aus einer lieblosen Kindheit stammt. Solche Wahrnehmung relativiert die erlittene Verletzung, dämpft den Schmerz. Das bedeutet keine Verkleinerung der Schuld, sondern ein Verstehen der Tat. Gott bleibt der Richter. Aber selbst er verzeiht, sobald Reue ins Spiel kommt.

Wenn der andere nicht bereut, muss ich dennoch verzeihen? Nach der Aussage Jesu, ja. Am Kreuz hängend, sagt er: „Vergib ihnen, Vater, sie wissen nicht, was sie tun!" Und wenn sie es doch gewusst haben? Auch dann.

Es ist eine therapeutische Notwendigkeit, sich selber durch Schuldbekenntnis (Beichte) und Reue von Schuld zu befreien. Darüber hinaus sollte ich mich auch jener Bitterkeit entledigen, die sich in mir aufbaut, wenn ich die Kränkungen durch andere nicht loslasse. Menschen mit größerer Ausgeglichenheit und Selbstakzeptanz können das besser als unzufriedene, gestresste Zeitgenossen.

Wer nachträgt, hat viel zu schleppen. Mitunter hat der Täter den Vorgang längst vergessen und ist total verunsichert über das distanzierte, wortkarge oder kontaktmeidende Verhalten des anderen. So wird er nun seinerseits gekränkt und der Teufelskreis schließt sich.

Etwa die Hälfte aller seelischen Verwundungen beruht auf Missverständissen und auf Übertragung eigener Unzulänglichkeiten. Da sind Erzieher beleidigt, sobald das Kind eine persönliche Neigung zeigt, die von ihrer eigenen abweicht. Da nehmen die verheirateten Kinder die ausgebaute Dachwohnung nicht in Anspruch, weil sie weiter weg ziehen möchten, und verprellen die fürsorglichen Eltern. Eine Frau wirft ihrem Nachbarn Arroganz vor, weil dieser auf bestimmte Grundstücksrechte pocht, die sie nicht beachtet aufgrund einer unzulänglichen Auskunft im Katasteramt. Ein junges Mädchen ist zutiefst verletzt, weil sie Ablehnung wittert; in Wirklichkeit schleppt sie ihre unverarbeiteten Kindheitswunden mit sich herum.

Ich selbst habe einmal eine Mitarbeiterin absichtslos gekränkt, weil ich auf ihre morgendliche Frage, wie es mir geht, antwortete: „So eine Frage stellt man mir nicht vor neun Uhr." Die Bemerkung war ironisch gemeint, aber sie bekam sie in den falschen Hals und war zutiefst beleidigt. Daran konnte meine anschließende Erklärung nichts ändern. Ich nahm mir vor, künftig besser aufzupassen mit meinen flapsigen Äußerungen, da sie nicht jeder versteht, und muss gestehen, dass es mir kaum gelingt.

Leider gibt es genügend Christen, die aus dem verzeihenden Großmut des Herzens eine erdrückende Moral machen, sowohl für sich selbst als auch für andere. Sie verwenden alle Energie zur Verdrängung „böser" Gedanken und Gefühle, die sich nach Kränkungen einstellen, demonstrieren eine „großzügige" Vergebungsbereitschaft und zeigen doch auf eine verschlüsselte und subtile Weise, wie sehr sie getroffen sind. Aus Angst, für böse gehalten zu werden, verdrängen sie ihren natürlichen Reflex, der sich zuerst einmal gegen erlittenes Unrecht aufbäumt. Auf diese Weise geben sie dem anderen zu verstehen, wie sehr sie bemüht sind, Gottes Wege zu gehen, die schmal und eng sind. Dabei wirken sie ziemlich erschöpft, wenig vital.

Wer die erbetene Vergebung verweigert, macht sich schuldig und lässt den Schuss nach hinten los: „Wer dem Nächsten nicht vergibt, dem wird auch nicht vergeben." Der Edelmut, der zur Vergebung befähigt, braucht die Demut, die den anderen nicht unfähiger oder schlechter macht, als man selber ist. So verbinden sich im Akt der Vergebung gleich mehrere Tugenden: Selbsterniedrigung (ich bin selbst ein Sünder), Akzeptanz des eigenen Schattens (ich kenne meine Schwächen), Selbstliebe (ich verzeih, damit man auch mir verzeiht) und Gottesliebe (ich vergebe um Jesu willen, der es gebietet).

Echtes Verzeihen ist ein geistlicher Sieg, der von Groll befreit. Wieviel Not und Krankheit könnte vermieden werden, wenn die Menschen diese Vergebungskultur besser praktizierten. Dabei sollten sich die Gekränkten von allen Anklagen befreien, sonst bleibt das Verhältnis zu den Tätern gestört. Wenn ich hier von Tätern spreche, meine ich zunächst die Eltern, die Ehegatten, die Kinder und Freunde. Schwere Schuld wie Mord, sexueller Missbrauch, Rufmord oder Brandstiftung – alles, was einen Menschen existenziell zerstören kann – bedarf trotz der juristischen Verfolgung auch der Vergebung. Jeder wird verstehen, dass dieser Vorgang tiefer greift und daher länger braucht.

„Mein ist die Rache", sagt Gott (5. Mose 32,35). Dies besagt, dass im Christentum dem Menschen nicht zugemutet wird, in jedem Fall auf Rache zu verzichten; er muss sie auf Gott schieben, sozusagen an ihn delegieren, so wie es in den Psalmen heißt: „Gieße aus über sie deinen Grimm" (Ps 69,25) und: „Ihr Unrecht wird er ihnen vergelten" (Ps 94,23).

Es stimmt nicht, dass Jesus jede Gewaltanwendung untersagt hätte. Aber jeder Gewalt müssen zahllose Bemühungen um Frieden und Versöhnung vorausgehen. Und selbst dann darf sie nur im Sinn der Notwehr angewandt werden. Machen wir uns nichts vor: Feinde lieben bedeutet nicht: auf Gerechtigkeit und Vergeltung, auf Wiedergutmachung und Herstellung des Friedens verzichten. Es bedeutet: das erlittene Unrecht auf Gott zu werfen als den Anwalt der Gerechtigkeit.

Gerecht sein, vor allem barmherzig

In den Seligpreisungen verspricht Jesus allen Gerechtigkeit nach diesem Leben; denn auf Erden gibt es sie nicht. Heinrich von Kleist beschreibt in seiner Novelle „Michael Kohlhaas" die schlimmen Folgen einer erlittenen Ungerechtigkeit. Platon zählt die Gerechtigkeit neben Weisheit, Tapferkeit und Einsicht zu den vier Kardinaltugenden. Nichts kann den Menschen so in Rage bringen wie erlittenes Unrecht. Das weiß Gott und legt uns sehr ans Herz, Recht zu geben dem, der es verdient, selbst aber auf sture Rechthaberei zu verzichten.

Ich muss nicht mit allen Mitteln um den Parkplatz kämpfen, den mir einer weggeschnappt hat, oder meine Meinung als die einzig richtige durchboxen. Allerdings habe ich das Recht, mir zustehende Wertschätzung und Wahrheiten einzuklagen, wenn andernfalls mein ganzes Sinngefüge zusammenbricht.

Wer als Kind wiederholt ungerecht behandelt wurde, leidet am Selbstwertgefühl. Stabile Menschen können ohne Weiteres gelegentliche Ungerechtigkeiten wegstecken, während andere dann sofort in Aggressionen oder Depressionen fallen.

Jesus handelt gegenüber den reumütigen Sündern stets barmherzig; jedoch bei den selbstgerechten und selber nicht barmherzigen Leuten klagt er die gerechte Strafe ein. Der Fall des unbarmherzigen Knechts, dem der König vergab, der aber seinerseits einem Schuldner nicht vergab, erregte die Gemüter. Er wurde den Folterknechten übergeben … (vgl. Mt 18,23 ff.).

Es gibt Fälle, die sich kaum gerecht lösen lassen. Bei vielen Erbschaftsstreitigkeiten fühlt sich einer benachteiligt; verweigerte Organspenden bei alten Patienten zugunsten jüngerer werfen ethische Fragen auf; Leistungsbewertungen bei Schülern sind schwer objektivierbar; Vielfahrer werden in der Flensburger Punktekartei gleich behandelt wie Wenigfahrer usw. Wenn Eltern ihre Kinder allesamt gleich behandeln, handeln sie schon ungerecht. Und wenn einer dreimal hintereinander im Lotto gewinnt, muss sich Gott einige Fragen gefallen lassen.

Es gibt aber auch viele Fälle, die im Deckmantel der Gerechtigkeit schlichtweg eins auswischen wollen. Da sucht ein Gerichtsvollzieher den Arbeitgeber des Schuldners auf, um zweitausend Euro einzuzwingen. Es läuft gerade ein privates Insolvenzverfahren, weil er arme Kerl das Geld nicht hat und von 430 Euro kaum leben kann. Jetzt kündigt ihm der Arbeitgeber, weil er keinen Gerichtsvollzieher im Haus sehen möchte. Nun geht der Schuss nach hinten los: Weder Gerichtsvollzieher noch Gläubiger bekommen ihr Geld. Und warten wollten sie nicht. Habgier macht dumm.

Oder eine Firma stellt junge Leute ein, die mit einem halbjährigen Vertrag jederzeit eine Kündigung erhalten können, aber ohne Angabe von Gründen. Warum dies? Hat da nicht die Willkür freie Fahrt? Während ich dies schreibe, protestieren in Frankreich Tausende gegen die Aufweichung des Kündigungsschutzes …

Weil der Staat den Bürger ins Glashaus setzt und sogar das Bankgeheimnis aushebelt, wandern nun Millionen Euro nach Österreich. Wieder ein Schuss nach hinten. Man kann eben nicht alles und jeden reglementieren, kontrollieren und sanktionieren.

Wir Psychotherapeuten leben von den nicht bewältigten Ungerechtigkeiten. Bei solchen Menschen sind die Zumutungen Jesu von der Feindesliebe, vom Verzeihen und von der gelebten Barmherzigkeit wie geworfene Steine. Bevor jemand überhaupt diese Empfehlungen Jesu umsetzen kann, muss er das erlebte Unrecht erst einmal verdaut haben. Natürlich steht es ihm zu, juristische Schritte einzuleiten zum Zweck der Wiedergutmachung. Dieses Recht wird ihm von Gott zugestanden.

Wer das gesetzliche Handeln als stets richtig empfindet, hat nicht begriffen, wie differenziert das Gerechtigkeitsgefühl der Leute ist. Die Gesetze können nicht alles abdecken; deshalb ist auch Mut zum Umdenken gefordert. Gelegentlich muss ein Gesetz infrage gestellt werden. Das können die meisten Menschen bezüglich des Asylrechts und Scheidungsrechts nachempfinden.

„Die Autoritäten handhaben Gesetz und Verfassung … ahnungslos als Waffen gegen viele, denen die Werte wichtiger sind als den meisten von denen, die sich als ‘Verfassungsschützer’ aufspielen. Es ist eine typische von der Zwangsneurose her bekannte Perversion, dass schließlich Formeln, Vorschriften und Rituale verabsolutiert und geheiligt werden und deren pedantisch korrekte Befolgung automatisch mit der Menschlichkeit gleichgesetzt wird, die man angeblich verteidigen will.“ (Horst E. Richter, „Der Gotteskomplex“, S. 250)

Arnold Schwarzenegger hat seine Sympathien verspielt, zumindest in Österreich. Die wiederholt gezeigte Härte gegenüber Mördern, die ihre Tat bereuten beziehungsweise nie zugaben und aufgrund von Indizien verurteilt wurden, hatte weniger etwas mit Gerechtigkeit zu tun als mit politisch motiviertem Machogehabe. Wovor hatte er Angst im Fall einer menschlichen, also barmherzigen Entscheidung? Da tun sich Abgründe auf, die in der ganz persönlichen Kindheitsgeschichte des Ex-Gouverneurs liegen, nicht im Gesetz. Er – wie alle anderen Richter über Tod und Leben – muss sich einst vor dem göttlichen Richter verantworten. Und „das Gericht ist ohne Erbarmen für den, der kein Erbarmen geübt hat", heißt es im Jakobusbrief (2,13). Aber dann folgt ein überraschender Satz: „Erbarmen jedoch triumphiert über das Gericht." Also doch letztlich Barmherzigkeit für den Unbarmherzigen? Geben wir zu: Wir wissen es nicht. Es darf so gedacht werden: Die zu Unrecht Verletzten werden Gerechtigkeit ernten, und jene, die Unrecht taten, erhalten Barmherzigkeit aufgrund der Vergebung durch die Verletzten.

Christen sollen also in erster Linie barmherzig sein, nicht gesetzlich. Sie dürfen Gerechtigkeit für sich und Barmherzigkeit vor allem für andere einfordern. So handeln die Kirchen ganz im Sinn Gottes, wenn sie bei den geldgebenden Staaten die Schuldentilgung für die armen Länder anmahnen.

Wenn Gläubiger auf die Rückzahlung der geliehenen Gelder verzichten, weil nichts da ist, handeln sie barmherzig. Wenn sie auf deren Rückzahlung inklusive Zinsen per Vertrag pochen, handeln sie juristisch, aber nicht unbedingt moralisch.

Mit Politessen macht jeder Autofahrer seine Erfahrungen. Da ist wenig Spielraum für großzügige Entscheidungen. Wenn dann noch Bonuspunkte gesammelt werden müssen, also eine Mindestmenge an Knöllchen erwartet wird, dann verabschieden sich Gelassenheit und Großherzigkeit. In unserem Land scheint es nur wenige zu geben, die tatsächlich mit Humor reagieren – auf beiden Seiten.

In Deutschland sind wir unerbittlich „gerecht", wenn es um Vergangenheitsbewältigung geht. Da kann einer frühere Taten noch so sehr bereuen, er wird sein Amt abgeben müssen. Ein Petrus würde nie Papst. Weiße Westen sind gefragt, doch wer hat die schon? Manchmal kommen einem die Sündenböcke sehr gelegen, wenn es darum geht, von eigenen Verfehlungen abzulenken. Und sollte endlich Gras über eine Sache gewachsen sein, kommt garantiert irgendein Kamel und frisst es wieder ab.

Versöhnung mit dem Kind in uns

Wir sollen wie Kinder werden, sagt Jesus. Das setzt voraus, dass wir das Kind in uns wieder wecken und uns aussöhnen mit unserer Vergangenheit.

Zu viele Menschen sind verletzte Kinder, haben Angst vor Liebesentzug im Fall eines falschen Verhaltens. So suchen sie stets das Richtige zu tun, es allen recht zu machen, perfekt zu sein. Manche brauchen daher Vorschriften und Anweisungen, um sich vor freien Entscheidungen drücken zu können; denn diese bergen die Gefahr, Fehler zu machen und dadurch abgelehnt zu werden. Andere entledigen sich ihrer Kränkungen, indem sie sie auf ihre Umwelt abladen, Sündenböcke suchen, bellend durch die Gegend laufen.

Wir erleben in unserer therapeutischen Einrichtung regelmäßig diese Kontrollmuster des ungeliebten Kindes im Erwachsenen. Rechthaberei, Wutanfälle, Schmollen und inszenierte Tränenausbrüche dienen dazu, sich Zuwendung zu verschaffen. Auch übertriebene Fürsorglichkeit kann ein Mittel sein, geliebt zu werden. Kommt Angst auf vor Vereinnahmung, wird das innere Kind halsstarrig und störrisch. Vielleicht hat so manche Hals-, Nacken- und Schulterverspannung mit dieser Angsthaltung zu tun.

Auffallend sind die versteckten Widerstände und Protesthaltungen mancher Erwachsener, die immer zu spät kommen, herumtrödeln, keine Verantwortung übernehmen wollen. Dieses Verhaltensmuster zeugt von Angst vor Kontrolle, bedeutet einen späten Protest gegen die elterlichen Bevormundungen. Solche Menschen sind weder erwachsen noch haben sie einen gesunden kindlichen Kern.

Kind sein bedeutet im gesunden Sinn: authentisch sein, originell, angstfrei, spontan, offen, selbstvergessen.

Wer anderen die Schuld gibt an seinen eigenen Gefühlen, handelt lieblos. „Du bist schuld an meinen Kopfschmerzen" oder: „Wenn du nicht gewesen wärst, wäre ich nicht krank geworden" usw. Wahrheit ist, dass jeder für sich selbst verantwortlich ist. Nicht die anderen oder die Umstände machen einen krank, sondern mein Denken über sie. Wer aber zu oft hörte: „Du machst mich noch ganz krank", wird sich schnell für die Gefühle anderer verantwortlich fühlen.

In dieses Raster fallen nun sehr viele überfürsorgliche, sozial sich aufopfernde Menschen. Ausgehend vom Gebot der Nächstenliebe handeln sie „selbstlos", bis sie ihr Selbst los sind. Da haben sie das Anliegen Jesu gründlich missverstanden. Für Menschen mit einem inneren verletzten Kind ist es kaum möglich, Grenzen zu ziehen zwischen gesunder Hingabe und krankmachender Verausgabung. Jesus zog sich immer wieder zurück, heilte nicht alle, fühlte sich nicht zu allen gerufen, grenzte sich ab. Das ungeliebte innere Kind kann sich nicht abgrenzen, es würde vor lauter Schuldgefühlen in Selbstvorwürfe fallen.

Kinder können sich einer Sache noch selbstvergessen hingeben. Das verliert sich erst, wenn sie unter Leistungsdruck gesetzt werden oder wenn man ihnen die Liebe entzieht, damit sie so funktionieren, wie die Erwachsenen das wollen.

Es ist schade, dass man in unserer Kultur Berührungen sehr schnell mit sexuellen Motiven in Verbindung bringt, vor allem unter Männern. Weil aber gerade die Männer von ihren Vätern zu wenig umarmt werden, brauchen sie Zuwendung von anderen Männern. Das Machogehabe vieler Männer ist ein Ausdruck dieser fehlenden Zuwendung sowie ein Abwehrmechanismus gegen die Angst vor den eigenen Gefühlen und verdrängten Sehnsüchten.

Andererseits suchen viele in der Sexualität eine Bestätigung ihrer Männlichkeit. Sie berühren nicht, um Liebe zu geben, sondern um sie zu nehmen. Hier klagen Eheleute darüber, dass der andere nur dann „lieb" ist, wenn er Sex haben will.

Versöhnung kann auf Dauer nur gelingen, wenn ich das gekränkte Kind in mir kenne. Die Selbsterkenntnis ist eine biblische Forderung. Die Erforschung meiner wahren Motive deckt die Wahrheit auf. Dann erkenne ich, dass nicht alles so uneigennützig ist, wie ich mir das einbilde; dass meine Moralpredigten im Namen Gottes vielleicht doch nur die Echos meines elterlichen Über-Ichs sind und meine religiösen wie sozialen Engagements bloß Versuche sind, geliebt zu werden.

An Weihnachten werden Kindheitserinnerungen geweckt. Tränen fließen. Da kommt die Ahnung hoch, die Unschuld des Kindes verloren zu haben. Doch lässt sich die Zeit nicht mehr zurückdrehen. Was wir machen können, ist die Übernahme der Verantwortung für die eigenen Gefühle. Nicht die anderen sind für meinen Hass oder meine Wut verantwortlich. Sie haben sie vielleicht ausgelöst, nicht aber verursacht. Wir sollten weder unsere eigenen Empfindungen schelten noch die Gefühle unserer Kinder verbieten. Momente schmerzlicher Gedanken und Gefühle sind auszuhalten und anzuschauen, nicht zu verdrängen. Appelle wie „Hör auf zu schreien“, „Jetzt sei brav und gib Ruhe“ und „Heul nicht“ kränken das Kind. Es wird sich selbst später jene Empfindungen verbieten und dies fortsetzen am eigenen Nachwuchs.

Jesus lebte als Erwachsener ein intaktes Kindsein: Er gestattete sich und anderen Gefühle wie Trauer, Zorn, Angst, Freude, Leidenschaft. Weil er eins war mit dem inneren Kind, zeigte er auch kein gespaltenes Wesen oder eine wie auch immer geartete innere Zerrissenheit. Er zeigte, was er fühlte, sagte, was er dachte, und lebte, was er sagte. Nur eine schonungslose Offenheit uns selbst gegenüber sowie ein Aufdecken und Hinterfragen unserer Motive vermögen uns zu heilen. Dazu gehört die innere Sammlung, das Gebet als ein Hören auf Gott. Manchen rate ich zu einer geistlichen Begleitung oder auch zur Teilnahme an einem Seminar zur „Aussöhnung mit dem inneren Kind“, das unsere Therapeuten regelmäßig anbieten.

Ich hege den Verdacht, dass die Unkenntnis der eigenen Verletzungen und Schatten eine Ursache dafür ist, dass die Menschen stets dieselben Sünden beichten und dann nach Jahren ausbleibender Veränderung die Beichtpraxis resigniert aufgeben. Eine andere Ursache ist gewiss der Verlust eines gesunden Schuldbewusstseins. Es sind nicht wenige, die an den falschen Stellen Schuldgefühle haben und zugleich es an den richtigen fehlen lassen. Wenn Kinder schon frühzeitig für alles und jedes zu Sündenböcken gemacht werden, entstehen falsche, sogenannte funktionale Schuldgefühle. Und wenn die Medien ihnen das Schlechte für gut vorgaukeln, wird die Seele langsam vergiftet. Auf diese Weise sind wir alle in den letzten Jahrzehnten irritiert worden. Es bedarf einer neuen Bewusstmachung von Wahrheit und Lüge, von Moral und falsch verstandener Freizügigkeit, Toleranz und Gleichgültigkeit, Kunstverständnis und Geschmacklosigkeit, Liebe und isolierter Sexualität. Das Kind in uns weiß es noch; es ist nur gekränkt, missbraucht und verführt worden.

Die Kunst der Vergebung

Die dänischen Medien brachten im Jahr 2006 Karikaturen über Mohammed, in denen der Missbrauch des Islam zu Terrorzwecken angeprangert werden sollte. Das führte zu weltweiten Protestaktionen und zu weiteren Terrorakten. Die aufgebrachten Moslems verlangten eine Entschuldigung, worauf der Chefredakteur der betreffenden dänischen Zeitung nichts anderes zu sagen hatte als: „Es tut mir leid." Jeder hätte diesen Satz bei zwischenmenschlichen Auseinandersetzungen als Entschuldigung akzeptiert; hier war er vielleicht etwas knapp ausgefallen. Selbst eine ausführliche Entschuldigung hätte wahrscheinlich nicht genügt, die erhitzten Gemüter zu beruhigen. Wer einen Konflikt sucht, findet ihn.

Die Form der Entschuldigung muss der Tat angepasst werden. Hier wäre sicher mehr nötig gewesen als ein einziger Satz, dem dann noch Erklärungen folgten, warum er, der Chefredakteur, nicht anders könne. Er schob die Presse- und Meinungsfreiheit vor, „würdigte" aber zugleich den Unmut der Moslems und krümmte sich wie ein getretener Wurm.

Umgekehrt wäre ein Einlenken der aufgebrachten Moslems klüger gewesen. So erweist sich einmal mehr, wie unfähig beide Seiten sind, wenn es um die Vergebungskultur geht. Narzisstisch gekränkte Menschen tun sich sehr schwer damit, sowohl in der Bitte um Verzeihung wie auch im Gewähren derselben.

Die wahre Würde eines Menschen zeigt sich unter anderem in dieser Fähigkeit des Loslassens und Annehmens. Gibt es überhaupt eine unvergebbare Schuld? Jesus spricht von der „Sünde gegen den Heiligen Geist", die darin besteht, dass jemand das göttliche Wirken trotz besseren Wissens dem Teufel zuschreibt und umgekehrt. Auch kann nicht vergeben werden dem, der nicht will. Die Gnade erreicht ihn nicht, weil er sich bewusst sperrt. Und Gott zwingt keinen zur Liebe. Fluchen ist keine Sünde gegen den Heiligen Geist, wie manche meinen. Ansonsten ist alles vergebbar. Wie aber gehen wir damit um?

Die Christen beten täglich im „Vaterunser" die Bitte: „Vergib uns unsere Schuld, wie auch wir vergeben unseren Schuldigern!" Während Gott immer vergibt, sobald ein Fünkchen Reue („es tut mir leid") aufglimmt, zögern wir bei unseren Mitmenschen. Der Grund dafür ist vielschichtig.

„Ich vergebe ihm nicht, er hat mich sehr verletzt. So einfach laufen die Dinge nicht, Herr Pater", meinte eine Ehefrau.

„Ich habe ihr immer wieder verziehen. Jetzt ist das Fass übergelaufen. Ich bin ja kein Trottel, dem man auf der Nase rumspringt."

„Vergeben? Und dann Schwamm drüber? Nee, dat läuft nich. Der kriegt erst ma ne kräftige Abreibung, dann wolln mer ma sehn, ja?"

Es scheint, als ob die Vergebung verstanden würde als ein Freibrief für weitere Attacken oder als Verzicht auf Gerechtigkeit bzw. Richtigstellung der Verhältnisse. Auch verwechseln viele den willentlichen Akt der Vergebung mit dem emotionalen Prozess der Versöhnung. Das sind zwei Paar Schuhe.

Wer es sich zur Gewohnheit macht, die Tat des anderen nicht mehr zum Thema zu machen, sie ihm nicht mehr vorzuwerfen und auf „Rache" zu verzichten, vergibt ihm die Schuld.

Dennoch können die verletzten Gefühle lange noch spürbar bleiben. Vergeben heißt nicht vergessen. Je sensibler einer ist, je schwerwiegender die Tat, desto länger sind die Gefühle wund. Wiedergutmachung würde die Heilung beschleunigen. Ein ausgeräumtes Unrecht, das die Einsicht des Täters voraussetzt, heilt. Fehlt die Einsicht, darf ich notfalls gerichtlich um mein Recht kämpfen. Dann führt die Strafe, die das Gericht verhängt, beim Opfer zur Genugtuung. Christen dürfen guten Gewissens Gott bitten, den Täter zur Rechenschaft zu ziehen. In den Fluchpsalmen des Alten Testaments wird dieser Gedanke sehr deutlich.

Jesus empfiehlt den kürzeren, manchmal schweren Weg der Vergebung. Umgekehrt erhoffe ich selbst im Fall einer Schuld, dass mir vergeben wird. Mord, Rufmord, wirtschaftlicher Schaden bis zum Ruin und sexueller Missbrauch lassen sich kaum wiedergutmachen. Bereut der Täter, vergibt ihm Gott. Wir auch? Gott lässt einen Neuanfang zu, als ob nichts gewesen wäre. Wir hingegen strafen doppelt: Gefängnis und anschließend gesellschaftliche Ausgrenzung.

Der Verbrecher auf der rechten Seite des Kreuzes bat Jesus, seiner zu gedenken, wenn dieser im Himmelreich sei. Jesus akzeptierte dies als Bitte um Vergebung. „Noch heute bist du im Paradies!“ Zu einfach für unser kompliziertes Denken, nicht wahr? Vergebung wird geschenkt, nicht verdient. Genau hierin liegt unser Missverständnis: Wir stellen über die Reue hinaus mitunter so hohe Bedingungen, dass sie gar nicht erfüllt werden können. Eine raffinierte Form von Rache. Das soll nun nicht verwechselt werden mit der juristischen Strafverfolgung, die zum Schutz unserer Gesellschaft tätig wird. Ich kann mir nicht vorstellen, dass ein Vergewaltiger und Mörder trotz Reue nicht bereit wäre zu einer Form von Buße.

Apropos Reue: Sie ist unvermeidbar, wenn man selbstverantwortlich handeln will. Man muss sich ihrer nicht schämen, wohl aber der Taten, die ihr zugrunde liegen. Wenn Jugendliche einen Mitschüler zusammenschlagen und sich dann rechtfertigen mit der Bemerkung: „Wir wollten ihm nur einen Denkzettel verpassen“, dann lehnen sie die Verantwortung für ihr Tun ab. Sie werden aus ihren Fehlern nicht lernen. Wenn Politiker Wahlversprechen machen, die sie nicht einhalten, und keinerlei Reue zeigen, fällt Vergebung schwer. Ich denke, niemand muss sich zum Narren machen lassen. Die „Strafe“ folgt spätestens bei der nächsten Wahl, bei der sich dann der Betrug wiederholt. Spätestens jetzt wird klar, dass die Forderung nach Vergebung nicht sabotiert werden darf durch dumme Rechtfertigungen betrügerischer Verhaltensweisen.

Ich hatte mich mit einem Mitbruder zerstritten. Am anderen Tag klemmte ich ihm eine Pardon-Karte in den Türschlitz, so wie man sie zu Dutzenden in Kunstkartenläden kaufen kann. Da war ein Igel abgebildet, der zwischen einer Schafherde ging und dabei etliche Stachel hinterließ. Reumütig sagte er „Tschuldigung“. Diese Geste reichte völlig.

Ich erhalte gelegentlich Briefe von Kursteilnehmern, die sich, nachdem sie zeitlichen Abstand gewonnen haben, für irgendeine Bemerkung entschuldigen. Natürlich bin auch ich immer mal wieder genötigt, um Verzeihung zu bitten, weil ich zu heftig oder in meinen Ausführungen missverständlich war.

Meine Mutter ist nie nachtragend. Wie macht sie das nur? Einfach hineinfressen und um des Friedens willen Bauchschmerzen züchten? Sie hat ein einfaches Rezept: Sie versetzt sich in die andere Person und versucht, deren Psyche zu erkunden. Dann spielt sie auf mentale Weise die verletzende Situation immer wieder durch und korrigiert sie so, wie sie hätte sein sollen. Meistens gelingt ihr das auch.

Wer vergibt und seinerseits um Vergebung bitten kann, lebt gesünder. Ein hoher Prozentsatz unserer Erkrankungen ist der Verbitterung zu „verdanken“, die sich als Begleitsymptom unverarbeiteter Demütigungen einstellt. Es ist für die ganze Familie wichtig, dass ihre Mitglieder versöhnt sterben. Unversöhntes Sterben hinterlässt Schuldgefühle, Zorn, Ohnmacht, Angst. So ist die Vergebungskultur von Kindes Beinen an zu üben; wo aber selbst die Erzieher weder fair streiten noch sich verzeihen können, erfahren die Kinder nichts von der spezifisch christlichen Psychohygiene, ganz zu schweigen von der Tugend der Demut.

Papst Johannes Paul II hat es der Welt vorgemacht: Er bat für die Schuld der katholischen Kirche um Vergebung. Er ging in die Knie, nicht aus diplomatischen Gründen, sondern aus der Einsicht, reinen Herzens ins neue Jahrtausend gehen zu sollen. Jeder sollte sich einmal im Jahr einen Tag suchen, an dem er sein ganz persönliches Versöhnungsfest, sein Jom Kippur feiert. Die Buddhisten begehen ihn sinnvollerweise am Neujahrstag.

Segnen und Gutes tun

Es vergeht kein Tag, an dem ich nicht von Menschen angefragt werde, die meinen, besessen oder verflucht zu sein. Was mir dabei auffällt, ist der geringe Glaube an den in Taufe und Firmung zugesicherten Schutz Gottes. Sie fühlen sich irgendwem ausgeliefert, deuten ihr Leid als Folge dämonischer Attacken oder als Racheakt eines Mitmenschen. Gewiss gibt es die Wirksamkeit von Verfluchungen, aber sie dockt nicht einfach beliebig bei jedem an. Ein in München lebender afrikanischer Voodoo-Priester sagte mir einmal, dass er bei aktiven Christen mit seinen Ritualen nicht ankommen würde, sehr wohl aber bei jenen, die ihre Taufgnade nicht mehr durch Gebet und Sakramentsempfang aktivieren würden. Mich erstaunte seine Kenntnis unserer christlichen Lehre. Des Weiteren vermutete er, dass die Taufe so etwas wie eine „Isolierschicht gegen geistige Einflüsse“ vermittle.

Tatsächlich können die Folgen vermeintlicher Verfluchungen meistens ganz bodenständig erklärt werden. Ich bin allerdings auch Menschen begegnet, die tatsächlich Opfer von derartigen Hassprojektionen waren; ja ich kenne das aus eigener Erfahrung. Kaum einer ist immer ausreichend gewappnet gegen negative Einflüsse. Und Jesus sagt: „Segnet die, die euch verfluchen! Tut Gutes denen, die euch hassen!“

Die Kraft des Segens ist stärker als der Fluch; die Liebe potenter als der Hass. Das ist die Botschaft der Bibel und die aller Märchen; selbst die der so umstrittenen Harry-Potter-Erzählungen.

Wenngleich wir einen Hang zur Sünde haben, so liegt uns doch eher das Gutsein am Herzen. Es muss schon viel kaputtgehen in einer Seele, bis sie sich bewusst dem Bösen verschreibt und keinen Zugang mehr zur Güte hat. Solche Seelen haben keinen Frieden.

Das Handeln und Reden Jesu ist eindeutig angelegt auf das Guthaben des Gutseins, selbst den Bösewichten gegenüber. Seine Pädagogik geht davon aus, dass ein Mensch zur Umkehr gelangt, wenn er Güte erfährt. Dazu meine ich: Sagt den Leuten, wie gut sie sind; tut ihnen Gutes, und sie hören auf, schlecht zu sein. Es braucht vielleicht zehn Jahre.

Es gibt sie noch, die Christen, die über das Brot mit dem Messer ein Kreuzzeichen machen, die Tischgebete sprechen und ihre Kinder segnen. Alt-Abt Emmanuel Jungclaussen von der Abtei Niederaltaich segnet gemeinsam mit der evangelischen Pfarrerin aus Hengersberg jedes Jahr am ersten Sonntag nach dem Dreikönigsfest (Fest der Taufe Jesu) die Donau. An die fünfhundert Menschen kommen dorthin. Der Papst erteilt zweimal jährlich den Segen für Stadt und Welt („urbi et orbi"). Viele Christen nutzen noch das Weihwasser für sich und andere zur symbolischen Reinigung. Wenn wir mehr segnen und für unsere Gegner mehr beten würden, sähe möglicherweise die Welt anders aus. Leider habe ich den Eindruck, dass Flüche, negatives Reden, Herumschimpfen und missgünstiges Denken eher praktiziert werden als der Segen. Wen wundert`s, dass die Herzen kalt, die Köpfe heiß und die politische Lage ziemlich lau ist.

Kaum ein Segen ist so heiß begehrt wie der Segen eines geweihten Neupriesters. Die Menschen strömen von überall her, um das handauflegende Gebet des Primizianten zu erhalten. Segensgottesdienste für Verliebte, Verlobte, Verheiratete am Valentinstag sind ein Hit; und der alljährliche Gebetstag für Trauernde in München, der Einzelsegnungen anbietet, ist ein Magnet auch für nicht kirchlich Gebundene. Hier sehe ich große Chancen für die Kirche, wieder ins Gespräch zu kommen und Menschen zu erreichen, die sich enttäuscht abgewandt haben.

Wer segnet, setzt ein Zeichen (signare = Zeichen setzen); er spricht Gutes. Das lateinische Wort für segnen = benedicere heißt: Gutes sagen. Papst Benedikt ist also ein Segnender und einer, der uns gut zuspricht.

Es ist eine psychologische Binsenweisheit, dass Menschen auftauen, heil und selbst zu Wohltätern werden, wenn sie immer wieder Wohltaten erfahren. Vielleicht sollten wir da einmal unsere unselige Pädagogik überdenken, die mehr tadelt als lobt, in der irrigen Meinung, auf diese Weise selbstbewusste und originelle Menschen heranzubilden. Wer jeden kleinen Fehler hervorhebt, bremst den Schwung eines Kindes. Geschieht es unter Erwachsenen, dient es wohl eher der Selbstbestätigung des Kritikers.

Die wachsende Gewaltbereitschaft unter Jugendlichen deckt einen erheblichen Vaterverlust auf. Gutsein ist für diese Jugendlichen eher ein Ausdruck von Schwäche. So suchen sie, sich Respekt zu verschaffen durch martialisches Auftreten, Schlägereien und Kraftausdrücke; sie haben es kaum anders gelernt. Nur Verletzte verletzen. Ihnen Gutes tun bedeutet, sie zur Einsicht zu führen mit Mitteln der Kommunikation. Gefängnisstrafe vermag dies nicht, eher die Übernahme von Verantwortung innerhalb sozialer Einrichtungen. Sie müssen erfahren, dass ihr lädiertes Selbstwertgefühl nicht stabilisiert wird durch Unterdrückung der Schwachen, sondern durch Aktivierung ihrer Begabungen.

Wer schuldig wird, wird oft zum Sündenbock für Fehler eines Systems. Solange diese Projektion nicht erkannt wird, die das eigene nicht gelebte Leben rächen soll, kann kein Täter von Grund auf besser werden. In diesem Mechanismus sind weder die „Guten“ gut noch die „Bösen“ böse, sondern beide brauchen einander zur Rechtfertigung ihrer Rachegelüste.

Wirklich gut zu sein und zu segnen vermag nur einer, der seine eigenen Schattenseiten erkennt, denn „nur allzu leicht ist man geneigt, die Unbilligkeit und Vergewaltigung, die man der eigenen Natur antut, auch auf die Mitmenschen zu übertragen“ (C.G. Jung, Gesammelte Werke, Bd. 7, S. 34). Und dann bekommt das Gutsein einen heuchlerischen Beigeschmack.

Der Grund, anderen Gutes zu tun, liegt im Vorbild Jesu. „Was immer einer tut, tut er mir“, sagte er. Wir segnen andere nicht, weil sie fluchen, weil sie uns Gutes tun, weil wir uns ein gutes Gefühl verschaffen wollen oder weil wir uns für besser halten, sondern weil Gott es will. An den Gesegneten liegt es, ob und wie sich unser Segen auswirkt. Das entlastet uns, denn wir sind nicht verantwortlich für das, was andere tun; wir tun lediglich, was Gott will.

Neue Formen der Beichte finden

Die Beichte ist das Sakrament der Versöhnung, also eine Feier. Dass sie immer mehr verkommt oder vergessen wird, hat handfeste Gründe. Die einen wurden vielleicht vom Priester zu hart angepackt oder gar verletzt, andere haben resigniert angesichts jahrelanger Aufzählung derselben Sünden; wieder andere warfen ihre Schuldgefühle über Bord oder vertreten die Meinung, man könne das alles privat mit Gott regeln. Und die wenig erbauliche Atmosphäre vieler enger, düsterer und verstaubter Beichtstühle mag das letzte Fünkchen Interesse gelöscht haben.

Jesus beauftragte seine Jünger zur Sündenvergebung. Die Formen haben sich innerhalb der zweitausend Jahre ständig geändert. Bis zum 18. Jahrhundert gab es bei den evangelischen Christen die Ohrenbeichte, danach nicht mehr. Es ist also wieder mal soweit, darüber nachzudenken, wie die Praxis der Beichte reformiert werden kann.

Heute finden die Gespräche über Schuld, Schuldgefühle und Versöhnung in den ärztlichen und therapeutischen Einrichtungen statt, mitunter auch beim Friseur. Nur die Lossprechung fehlt. Dabei muss der Begriff „Sünde“ neu definiert werden; denn die bisherigen Beichtspiegel treffen oft nicht das, was der Einzelne bei sich als Schuld empfindet. Viele Aufzählungen sind vage und fördern sogar die Unsicherheit bei ängstlichen und skrupulösen Menschen.

„Habe ich mir ein Gottesbild nach eigenen Wünschen aufgebaut? – Habe ich mich gewehrt gegen Gottes Anruf? – Bete ich gedankenlos? – Bin ich gehorsam? – Habe ich den Austritt aus der Kirche erwogen? – Habe ich Hass in mir aufkommen lassen? – Lasse ich unangenehme Arbeiten liegen? – Resigniere ich? – Mache ich mir selbst etwas vor?“ usw. Solche Aussagen sind nicht hilfreich, abgesehen davon, dass es kaum gelingt, jedes Gebet konzentriert zu sprechen, Gottes Anruf stets genau zu erkennen, Gefühle von Hass abzuwürgen, nie zu resignieren oder sich niemals etwas vorzumachen. Nachdem ich die 21 Seiten des Gewissensspiegels (im katholischen Gebetbuch) gelesen habe, verfiel ich fast in Resignation und dachte an die Frage der Apostel: Herr, wer kann da noch gerettet werden? (Mt 19,25)

Abt Jungclaussen schlägt vor, statt „Sünde“ zu sagen: die Schwierigkeit, Christ zu sein. Es ist wichtig, den Menschen Mut zuzusprechen und ihre Ressourcen zu entdecken, damit sie wegkommen von der Resignation, die letztlich zum Aufgeben der herkömmlichen Beichtpraxis geführt hat.

Nicht wenige beichten lediglich Schuldgefühle und nicht wirkliche Schuld. Jede Abnabelung vom Elternhaus erzeugt Probleme, Auseinandersetzungen und natürlich auch Schuldgefühle auf beiden Seiten. Wer immer ein „Nein“ zumutet, Erwartungen enttäuscht und eigene Wege gehen will, wird schnell zum Sündenbock; damit treten funktionale Schuldgefühle auf den Plan. Das immer zu unterscheiden ist schwierig.

Ich höre nur noch sogenannte lässliche Sünden, die man eigentlich unerlässliche nennen müsste, weil sie täglich geschehen: Ich habe gestritten (Ist Streiten nicht eine Notwendigkeit, die gelernt werden muss?), am Freitag Fleisch gegessen (das Verbot wurde beim dem letzten Konzil aufgehoben), war unandächtig beim Beten (Sind gedankliche Zerstreuungen wirklich Sünde?), habe die hl. Messe am Sonntag verschlafen … Die wirklichen Schuldigkeiten kommen nicht vor: Ich habe Gott als drohende Person missbraucht, um meine Kinder gefügig zu machen. Ich habe meinem Partner das Gespräch verweigert, um mich zu rächen. Ich habe am Arbeitsplatz eine Mitarbeiterin gemobbt, weil ich eifersüchtig war. Ich habe meine Angestellten ausgebeutet und ihre Überstunden nicht gerecht bezahlt. Ich habe das Verfallsdatum meiner Waren geändert und meine Kunden betrogen. Ich habe mich am Rufmord beteiligt, da ich über die Person verärgert war … Eine so gravierende Verfehlung wie Abtreibung gehört ins Einzelgespräch, weil hier mehr geschehen muss als Lossprechung; die Erfahrung zeigt uns, dass die Folgen erheblich sein können: Depressionen, emotionale Abspaltung, Bindungsverlust, gesundheitliche Probleme. Berichtet eine Person von erlittenem Missbrauch, was immer häufiger vorkommt, ist mitunter eine Therapie angeraten. Hier wäre es gut, eine Liste ortsansässiger christlicher Therapeuten zu haben. Notfalls kann man unter www.lebenimkontext.de Adressen finden.

Heute ist sich der Mensch der sieben Todsünden nicht mehr bewusst. Heiko Ernst schreibt in seinem Buch „Wie uns der Teufel reitet“, dass unsere früher als sündig betrachteten Impulse heut systematisch stimuliert und zu Tugenden umgewertet werden. Da sind „die Produzenten und Verleiher von Pornofilmen sowie Kondomfirmen (Wollust), Fastfood-Ketten wie Burger King und Schnapsproduzenten wie Johnnie Walker (Völlerei), Waffenproduzenten wie Smith & Wesson (Zorn), Luxusautos wie Porsche oder Maserati und Edelmode-Labels (Hochmut und Eitelkeit), elektronische Spielzeuge und Unterhaltungselektronik (Faulheit), Betreiber von Spielkasinos (Habgier).“ Würde nur einer von uns dahinter die klassischen Laster erkennen?

Letztlich geht es nicht darum, in akribischer Weise jede Verfehlung aufzuzählen, sondern die ihnen zugrunde liegende Unversöhnlichkeit zu erkennen und ins geistliche Gespräch zu bringen. Jede erlittene Kränkung zieht weitere nach sich, solange sie nicht erkannt und vergeben ist. Wichtig ist, dass der Betreffende am Ende des Gesprächs den Freispruch erfährt, den der Priester im Auftrag Gottes zusagt. Daran erkennt man, dass es in der Kirche nicht um Moral geht, sondern um die Güte Gottes. Das Christentum hat keine Moral, es ist Moral.

Neben ganz persönlichen Einzelgesprächen in freundlichen, hellen Räumen sollten sogenannte Bußandachten regelmäßig und inhaltlich verbessert angeboten werden. Ich kann mir gut vorstellen, dass monatliche Segnungsgottesdienste mit dem Angebot der Einzelsegnung und integriertem Bußakt auf ökumenischer Basis die Menschen besser erreichen. Für viele kann sogar der Segen wichtiger sein als die Absolution (Lossprechung). Man muss nicht permanent die menschliche Sündhaftigkeit betonen; heilender und im Sinne Jesu ist die Erfahrung des göttlichen Wolhlwollens. Im Unterschied zum staatlichen Gericht findet hier keine Verurteilung statt.

In unserer Heilenden Gemeinschaft bieten wir am Ende der dreiwöchigen Therapie einen solchen Gottesdienst an. Er ist für alle Beteiligten ein absoluter Höhepunkt. Was viele anrührt, ist die zu Beginn vorgetragene Vergebungslitanei, in der es heißt:

Wegen meiner fehlenden Vergebungsbereitschaft und Härte –
vergib mir, Herr.
Wegen meiner Schuldzuweisungen und Ausflüchte –
wegen meiner verweigerten Gesprächsbereitschaft –
wegen meiner religiösen Lauheit und Bequemlichkeit –
wegen meiner Habsucht und Missgunst –
wegen meiner Ungeduld und meines Jähzorns –
wegen meiner Geschwätzigkeit und Indiskretion –
wegen meiner Rechthaberei und falschen Aussage –
wegen meiner Fluchworte und Schmähungen –
wegen meiner ungezügelten Sexualität –
wegen meiner Feigheit und vorgeschobenen Alibis –
wegen meiner verschwendeten und missbrauchten Zeit –
wegen meines kindischen und erpresserischen Trotzes –
wegen meiner ungerechten Worte und Verhaltensweisen –
wegen meines betrügerischen und egoistischen Verhaltens –
vergib mir, Herr.

Die deutlichen Formulierungen führen bei den Betroffenen manchmal zu heftigen Erschütterungen. Eine anderes Ritual findet am Ende des Gottesdienstes statt: Die Teilnehmer verbrennen ihre mitgebrachten Briefe, in denen sie all ihre erlittenen und ihren Mitmenschen zugefügten Verwundungen niedergeschrieben haben. Dieser Akt symbolisiert sehr augenfällig das Übergeben an Gott und das Loslassen der Vergangenheit. Der Neubeginn blickt nach vorne.

Ich empfehle, diese neuen Riten auch in unsere Versöhnungsgottesdienste einzubringen. Wir brauchen wieder ausdrucksstarke Gesten, eingebettet in Gebete, Gesänge und Gemeinschaftserfahrung.

Zusammenfassung

Der Mensch ist immer wieder auf Versöhnung angewiesen, will er nicht kaputtgehen. Jesus wusste dies und gab An-Gebote im Umgang mit Verfehlungen. Er zieht auf jeden Fall den verzeihenden, großzügigen und heilenden Umgang vor, verweist auf die Kraft des Segens und stellt uns die Kinder als Vorbild hin; denn diese leben noch die Tugend der Hingabe und Selbstlosigkeit. Barmherzigkeit ist angesagt für den einsichtigen Sünder und Gerechtigkeit für jeden, der Unrecht erleidet.

Die Forderung der Einzelbeichte ist ein Gebot der Kirche, beruhend auf der Vergebungsvollmacht der Jünger. Die Formen waren stets unterschiedlich und bedürfen auch jetzt einer zeitgemäßen Reform. Einzelbeichten und Bußandachten müssen wieder attraktiver und regelmäßiger angeboten werden.

Die Sehnsucht nach Heilung, Vergebung und Freispruch ist nach wie vor vorhanden, jedoch nicht mehr an den kirchlichen Raum gekoppelt. Schwellenängste, Enttäuschungen und Entfremdung erschweren den Zugang zur Institution. Deshalb bedarf es der Geduld und Feinfühligkeit, aber auch eines neuen Mutes, Rituale anzubieten, die Suchende, Nichtkirchliche und sakramental Ausgegrenzte gleichfalls in Anspruch nehmen.

Angebot und Nachfrage sind auch im religiösen Bereich angstfrei auszuloten.

4. Was noch zu klären wäre

Was muss sich in der Kirche ändern?

Jesus sagte: „Bei euch soll es anders sein." Diese Empfehlung ist immer neu zu überprüfen. Was ist anders als bei Nichtchristen oder staatlichen Behörden? Der bürokratische Aufwand ist ähnlich, der Umgang mit dem Personal leider auch. Die Menschen sehnen sich nach mehr Verständnis und erhoffen sich von der Kirche einen barmherzigen Umgang mit Geschiedenen und Neugebundenen. Das Thema Wiederverheiratung Geschiedener brennt ebenso unter den Nägeln wie die Frage nach verheirateten Priestern. Nun kann Barmherzigkeit nicht bedeuten, dass die Kirche jedwedem Zeitgeist gerecht zu werden versucht. Aus der Bibel lässt sich nicht alles ableiten, was heute auf den Themenkatalog kommt. Allerdings lässt sich auch nicht immer Brauchbares finden, wenn es darum geht, die bestehenden Ordnungs- und Denkstrukturen unverändert zu lassen.

„Frage hundert Christen, was das Wichtigste in der Kirche ist, und sie werden sagen: die Messe. Frage hundert Christen, was das Wichtigste in der Messe ist, und sie werden sagen: die Wandlung. Sage hundert Christen, das Wichtigste in der Kirche ist die Wandlung, und sie werden sagen: Nein. Nur das nicht. Es soll alles bleiben, wie es ist." (Lothar Zenetti)

Ein Autor mit dem Kürzel „msc" ging in „Christ in der Gegenwart" (Nr. 5/2006) der Frage nach, was eine Ehe unauflöslich mache; er fand eine Fülle juristischer und psychologischer Spitzfindigkeiten im Hinblick auf mögliche Nichtigkeitserklärungen. Mit anderen Worten: Es gibt Ungereimtheiten, wann eine Ehe ungültig ist oder annulliert werden kann. Der Wiener Kirchenrechtler Bruno Primetshofer wies längst auf diese unbefriedigende Situation hin. So kann geschieden werden, wenn Ungetaufte die Ehe nicht weiterführen möchten, wenn ein Partner getauft ist und sich dessen religiöse Entwicklung vom ungetauften Partner immer weiter entfernt, wenn keine sexuelle Vereinigung stattfand.

Die Eheleute spenden sich selbst das Sakrament im Augenblick ihres Jawortes. Aber unauflöslich wird diese Verbindung erst im sexuellen Akt. Da stellt sich die Frage, wieso vorehelicher Geschlechtsverkehr kirchenrechtlich für das Zustandekommen einer sakramentalen Ehe ebensowenig bedeutsam ist wie die gelebte Sexualität für die Unauflöslichkeit einer nichtchristlichen Ehe.

Des Weiteren: Hat Gott immer verbunden? Und: Würde er tatsächlich die geschiedenen Partner zum Alleinsein oder zur nichtsexuellen „Josefsehe" verpflichten, solange einer der beiden lebt? Entspräche es nicht vielmehr seiner Großzügigkeit, eine neue Verbindung zu ermöglichen, weil eine Liebe auf Erden eben sterben kann? „Es ist nicht gut, dass der Mensch allein sei", sagt die Schrift. Die Orthodoxen legen es so aus: Bis dass der Tod der Liebe euch scheidet.

Gott ermöglicht bei allen bereuten Sünden einen Neuanfang. Darf dies nach der Tragik eines vielleicht sogar unverschuldeten Ehezerwürfnisses nicht sein? War es nicht Jesu Anliegen, die Position der damals ungeschützten Frau zu stärken? Heute stellen sich die Bedingungen ganz anders dar, sind in sozialer, psychologischer und politischer Hinsicht nicht vergleichbar.

Worin liegt das Frohe in Jesu Botschaft, wenn hier zementiert wird bzw. sich juristische und theologische Ungereimtheiten auftun?

Mir erzählte ein Pfarrer, dass er mehr als einmal versucht war, während der Trauungszeremonien einen Formfehler einzubauen, damit diese Ehen problemlos annulliert werden könnten im Fall eines hoffnungslosen Zerwürfnisses. Er sah dazu wiederholt Anlass, weil er in diesen Fällen am liebsten von einer Heirat abgeraten hätte; er ahnte die kommenden Querelen.

Natürlich ist es erstrebenswert und ganz im Sinne Gottes, dem Jawort treu zu bleiben in „guten wie in schweren Zeiten". Es muss alles getan werden, diese Beziehung zu halten, Probleme zu klären, Lösungen zu finden. Aber was ist, wenn einer nicht will oder nicht mehr kann? Da zeigt sich Jesus in allen Lebenslagen und menschlichen Verfehlungen so barmherzig, dass man staunt. Wie also ist der Wille Gottes?

Themenwechsel: Zölibat. Er ist sinnvoll und gut, er ist nicht widernatürlich, aber unnatürlich, d.h. er entspricht nicht der natürlichen Veranlagung des Menschen. Deshalb fordern viele die freie Wahl. Die einen werden im Verzicht auf die Ehe ihre geistliche Arbeit besser verrichten können, andere sehen sich durch die Ehe dazu beflügelt. Wie viele fähige und geistlich vorbildliche Priester haben ihren Posten aufgeben müssen, weil sie heirateten. Es wäre selbstgerecht und moralisch verwerflich, ihnen Treulosigkeit oder mangelndes geistliches Leben vorzuwerfen. Jesus selbst hat den Zölibat nicht geboten. Man bedenke außerdem die Situation vieler Priester in südamerikanischen und afrikanischen Ländern, in denen ehelos lebende Menschen einen erheblichen Imageverlust erleiden. Sie gelten nicht als kompetent in Sachen Ehe und Familie. Es ist ein offenes Geheimnis, dass nicht wenige eine heimliche Beziehung pflegen.

Keine Frage: Der Zölibat ist ein Kreuzweg, ein Zeichen der besonderen Nachfolge Jesu. Er setzt eine tiefe Grundentscheidung voraus, die nur durchzuhalten ist, wenn die Sexualität umgeleitet wird, etwa in eine künstlerische, soziale oder wie auch immer geartete kreative Tätigkeit. Andererseits: Kann nicht auch die Ehe ein Kreuzweg sein?

Die Kirche muss den Mut haben, neue Wege einzuschlagen, das Anliegen Jesu zu erkennen, zwischen Verbindlichkeit und Barmherzigkeit immer neu abzuwägen. Verbindlich war Jesus in Bezug auf die Vergebungspflicht, auf die Nächstenliebe und auf das Einhalten der Zehn Gebote. Von seinen Nachfolgern verlangt er mehr: Verzicht auf Nestwärme, familiäre Bindungen und alte Gewohnheiten, dargestellt in der Erzählung von den drei Männern, die ihm folgen wollten. Diese Verzichtübungen sind heute allenfalls noch im Ordensleben erkennbar. Ich halte sie für wichtig, auch als Zeichen der Solidarität mit jenen, die davon gar nichts besitzen. Ändern muss sich bei den

Christen der Wunsch, sich in dieser Welt gemütlich einzurichten und alles haben zu wollen, was der Zeitgeist verlangt.

Die Kirche – das sind wir – muss Zeichen der göttlichen Präsenz sein: Generell verbindlich, im Einzelfall barmherzig. Ihre Wahrheit steht nicht immer gleichberechtigt neben anderen Meinungen, sondern eher quer dazu. So steht sie im Fadenkreuz der Kritik und muss das aushalten. Christen erkennt man daran, dass sie sich nicht um jeden Preis der Welt anpassen, dennoch klug handeln. Solche Klugheit hat nur dann Bestand, wenn sie vom Heiligen Geist erbeten wird. Dieser Geist ist uns zugesagt, also beten wir darum.

Was sollte bleiben?

Keine Firma, keine Institution hat je so lange überlebt wie die Kirche. Trotz vieler Mängel und Fehler, die Papst Johannes Paul II und Benedikt XVI offen zugegeben haben. Das mag auch daran liegen, dass ihre hierarchische Struktur mit einer Vaterfigur an der Spitze allen anderen Strukturen überlegen ist, vorausgesetzt, dass eine wirkliche und überzeugende Persönlichkeit dieses Amt innehat. Darüber hinaus versprach Jesus, dass „nicht einmal die Pforten der Hölle sie überwältigen werden".

Die Kirche ist nicht vergleichbar mit irgendeiner Firma, weil sie nicht eigene Produkte vermarktet, sondern das Erbe Jesu verwaltet. Noblesse oblige: Adel verpflichtet. Sie kann also nicht beliebig Jesu Weisungen verändern, auch dann nicht, wenn sie vielleicht unattraktiv scheinen wie das Gebot der Feindesliebe, der Ehetreue, auch der Treue zu ihm, dem einzigen Gott.

Der Kampf für das Leben darf niemals untergehen; da sind Kompromisse in Sachen Abtreibung, Todesstrafe oder Euthanasie fehl am Platz. Unser Gott ist ein Gott des Lebens. Immer wieder erweisen sich Begründungen gegen das Leben als gefährlich und trügerisch: Behinderte Kinder sind dankbar für das Leben; sie können sich hervorragend arrangieren und beschämen manchmal die Nichtbehinderten mit ihrer Offenheit, mit ihrer kreativen Überlebenskunst. Viele Todeskandidaten werden unschuldig hingerichtet, wobei auch noch – wie in den USA – die Angehörigen ihrer vermeintlichen Opfer zusehen. Selbst Schwerstkranke haben ein Recht auf Leben; hier Grenzen zu ziehen zwischen lebenswert und -unwert ist unmöglich. Wer Licht in der Welt sein will, muss für das Leben kämpfen. Das ist therapeutisches Christentum.

Auch wenn die Fähigkeit für Opfer, Verzicht und selbstlose Hingabe nicht mehr so präsent ist, bleibt sie ein Merkmal aller Religionen, besonders der christlichen, weil ihr Stifter selber zum Opfer wurde. Das Einüben solcher Disziplin – der gesundheitlichen, der charakterlichen, auch der sexuellen – mag schmerzlich sein, gehört aber zum Wesen der Selbst-, Gottes- und Nächstenliebe. Wer Sauerteig sein will, muss sich hier einordnen. Das ist asketisches Christentum.

Gott lässt sich erfahren. Unser Versäumnis ist es, ihn nie genügend erfahrbar gemacht zu haben. Wer seine Barmherzigkeit lebt, als Christ Zeugnis gibt von der Liebe Gottes, indem er nichts nachträgt und Notleidenden hilft, ermöglicht dem anderen, Gott zu erfahren. Wer also Senfkorn sein will, muss nichts Großartiges tun, sondern das Kleine artig. Dann wächst er. Das ist mystisches Christentum.

Diese drei Grundformen machen die Moral aus. Wer nur den therapeutischen Aspekt betont, also die helfende, soziale Rolle lebt, reduziert die Botschaft Jesu. Wer sich nur auf die asketische Rolle beschränkt, bleibt in der Opfermentalität stecken; auch diese ist eine Verkürzung der christlichen Lehre. Die einseitig mystische Lebensform wäre weltfremd und verlöre den sozialen, apostolischen Bezug. Erst alle drei Dimensionen kommen der Empfehlung Jesu nahe: „Seid vollkommen, wie euer Vater im Himmel vollkommen ist.“

Worin liegt das Frohe in der christlichen Botschaft?

Christen erkennt man daran, dass sie ständig in irgendwelchen Schwierigkeiten stecken, ohne in Panik zu geraten. Denn das Besondere im Christentum ist die Betonung der Güte Gottes. Er hat uns seinen Beistand zugesagt, den Geist der Wahrheit und der Erkenntnis. Wir müssen also nicht im Dunkeln tappen.

Jesus hat die Aussichtslosigkeit nach dem Tod weggenommen und eine glückliche Perspektive in Aussicht gestellt: den Himmel. Da er das Karma aller bereits getragen hat, sind wir davon befreit. Wir müssen das irdische Leben nicht wiederholen (reinkarnieren).

Er ermöglicht uns einen Neubeginn, sobald wir wegen unserer Schwachheit wieder Dummheiten gemacht haben. Die Tür des neuen Lebens lässt sich aufschließen mit dem Schlüssel der Reue. Da hat er keine Grenze gesetzt, das geht siebenundsiebzigmal, in biblischer Sprache: immer. Deshalb müssen wir nicht resignieren.

Er selbst hat als Mensch gelebt und gelitten. Gott führt uns nicht am Leid vorbei, aber durch das Leid hindurch. Und jeden trifft es mal. Das größte Leid ist es, nie durch Leid gereift zu sein. Daher müssen wir nicht auf jene schielen, denen es gerade besser geht.

Er beauftragte uns, Licht in der Welt zu sein, Sauerteig, Salz der Erde. Zugleich wies er darauf hin, dass wir mit Missverständnissen und Verfolgungen rechnen müssen; es geht letztlich nicht um Erfolg, sondern um Bemühung. Wir sollen also nicht blenden, versauern oder versalzen, sondern guten Willens unsere Arbeit tun. Gott wird sie vollenden. Grund genug zur Freude.

Als Bilanz haben wir aufzuweisen: Rückendeckung durch Gott, Befreiung von Eigenregie, Vergebung der Schuld und Ewiges Leben. Das kann sich doch sehen lassen, oder?

Wenn Christen diese Erfreulichkeiten nicht erkennen und im Leben nicht zum Ausdruck bringen, wenn sie eher mit Gott und

Hölle drohen, bei Kränkungen schmollen und nachtragend sind, wenn sie dem lieben Gott mittels Tarot, Wahrsagerei oder Besuchen bei spiritistischen Medien in die Karten schauen wollen, wenn sie Andersdenkende und schwache Menschen mit Moralinsäure behandeln und sich selbst für besser erachten, dann haben sie die Botschaft Jesu gründlich missverstanden.

Vergebung ist das Erkennungsmerkmal der Christen. Wer vergibt, wird frei. Praktizierende Christen mit einem väterlichen Gottesbild weisen aufgrund mehrerer Untersuchungen eine stabilere Gesundheit auf, ein längeres Leben, eine besser funktionierende Ehe. Mit anderen Worten:

Die Botschaft Jesu ist ein echtes Schnäppchen.

Literatur

Berger, Klaus: Ist Christsein der einzige Weg? Stuttgart 1997
Ders.: Jesus. München 2004
Chopich, Erika u. Paul, Maragret: Aussöhnung mit dem inneren Kind. Freiburg 17/1997
Ernst, Heiko: Wie uns der Teufel reitet. Berlin 2006
Ferstl, Ernst: Kurz und fündig. Wien 2/1996
Jaschke, Helmut: Heilende Berührungen. Mainz 2004
Jung, C.G: Gesammelte Werke. Hrsg.: Lilly Jung-Merker, E. Rüf, L. Zander. Olten 1971
Jungclaussen, E. u. Schellenbaum, P.: Religion hat Zukunft. München 2005
Lütz, Manfred: Der blockierte Riese. München 2001
Ratzinger, Joseph: Enzyklika DEUS CARITAS EST. Hrsg.: Deutsche Bischofskonferenz. Bonn 2005
Ders.: Salz der Erde. Stuttgart 3/1996
Richter, Horst E.: Der Gotteskomplex. Hamburg 1979
Ders.: Wer nicht leiden will, muss hassen. München 1995
Riemann, Fritz: Grundformen der Angst. München 1985
Ringel, Erwin u. Kirchmayr, A.: Religionsverlust durch religiöse Erziehung. Wien 1985
Sofsky, Wolfgang: Wie gerecht ist die Rache? In: Psychologie heute. Nr 4/2002, S. 56
Tournier, Paul: Mensch sein ohne Maske. Bern o.J.
Ders.: Die Starken und die Schwachen. Freiburg 1980

Bibelzitate nach der Jerusalemer Bibel. Freiburg 1968